日本を代表する
イタリアンの名店のレシピを
驚くほど手軽に！

誰でも美味しく

濱﨑シェフの
おうち の
イタリアン

Cucina della casa

濱﨑龍一

小学館

はじめに

「今日、夕飯どうしようか?」

「う～ん、どうする?」

「パスタでも作ろうか」

我が家の休日は、だいたいいつもこんな感じです。

外食ももちろんしますが、家で家族と一緒にごはんを食べることが
圧倒的に多く、メニューはたいていイタリアン。

凝ったものは作りませんが、レストランで出している料理を
簡単にアレンジして、ささっと。

それが濱﨑家の「おうちイタリアン」です。

意外かもしれませんが、アーリオオーリオのパスタ(P48)や
ボンゴレのスパゲッティ(P52)など、シンプルな料理ほど
上手に作るのが難しいので、それは僕が担当することが多いです。

あとはかおりちゃん(奥様)やコウくん(息子の弘瑶さん)が
自分なりのアレンジや工夫を加えて手早く作ってくれます。

近所のスーパーで買える材料で、時間と手間をかけずにさっと作れて、
しかもものすごく美味しい。

この本では、そんなメニューばかりを集めてみました。

素材が全部揃わなくても、ほかのもので代用しても大丈夫。

「料理の腕を上げたい」「イタリア料理が大好き」という人はもちろんですが
「イタリアンなんて私には無理」「どちらかというと料理が苦手」
「これから料理を覚えたい!」という人にこそ作ってもらいたい。

美味しい料理は人を笑顔にする…毎日僕はそれを実感しています!

濱﨑龍一

Sommario 目次

前菜 Antipasti

サラダ Insalata

パスタ Pasta

スープ Zuppa

メイン Secondo Piatto

デザート Dolce

本書の決まりごと

● 大さじ1＝15ml、小さじ1＝5mlです。
● 野菜は特に表記のない限り、洗う、種や芽、ワタを取るなどの下ごしらえは省略しています。
● 材料の個数に対する重さは目安です。
　加熱時間はお持ちの電子レンジのワット数や機種によって、様子を見ながら調整してください。
● パスタは袋に表記されている時間を目安にゆでてください。

濱﨑家の「おうちイタリアン」で よく登場するもの

まず、絶対になくてはならないのがオリーブオイル。
僕が使うのは、ほとんどが一番搾りの「エクストラヴァージンオリーブオイル」で、
そのままパンにつけて食べるだけでも美味しい。
あと、料理に酸味と爽やかさをプラスするワインビネガーや、
コクと深みを出してくれるアンチョビペーストも登場回数が多いです。
この3つはぜひキッチンに常備しておいて！

Olio di oliva
オリーブオイル

抗酸化作用の高さで知られるポリフェノールや、悪玉コレステロールを減らすオレイン酸を豊富に含んでいる、オリーブの果実を搾って濾過しただけのシンプルなオイル。エクストラヴァージンオリーブオイルはフルーティで香りもよく、調理に使うだけでなく、最後の仕上げに料理に回しかけたりもします。

Aceto
ワインビネガー

赤ワインビネガーと白ワインビネガーの2種類があり、「この料理にはこれ！」というふうなこだわりはとくにないです。ただ、色がついてほしくないものには白ワインビネガーを使うことが多いかな。サラダはもちろんのこと、お肉のソテーに入れたり、マリネに使ったり…。我が家では、けっこう登場回数が多いです。

Pasta di acciughe
アンチョビペースト

アンチョビ（イタリア語ではアチューゲ）は、カタクチイワシを塩漬けにして発酵させた保存食。アンチョビフィレでもいいのですが、手軽にパパッと済ませたいときはアンチョビペーストのほうが断然便利。オリーブ系のパスタにアクセントとして入れたり、サラダの味つけにプラスしています。

della casa

Balsamico bianco
ホワイトバルサミコ

白ぶどうのエレガントな香りと、爽やかな甘み、優しい酸味が特徴。素材の味を引き立ててくれるので、僕はいろんな料理に使います。

Aceto balsamico
バルサミコ酢

煮詰めたぶどう果汁を木樽で長期熟成させて作られるのがバルサミコ。ワインビネガーよりもフルーティで、甘みや酸味が強いのが特徴。

Capperi
カッペリ

英語だとケイパー。酢漬けもありますが、イタリアでは塩漬けが主流。肉料理や魚料理に加えると、味が引き締まります。

Miele
ハチミツ

我が家ではアカシアのハチミツを使うことが多いです。砂糖の代わりに使って、甘みとまろやかさをプラス。

おうちイタリアン
これがあれば
ばっちり！

Filetti di alici
アンチョビフィレ

イワシのオイル漬けを瓶詰や缶詰にしたもの。料理に少し入れるだけで独特の旨みと塩気が加わり、ぐっと美味しく。

Concentrato di pomodoro
トマトペースト

トマトを煮込んで、ペースト状に濃縮したもの。料理にちょっとコクをプラスしたいときなどに大活躍。

Polpa di pomodoro
ダイストマト缶

ホールトマトと違って、小さくカットされているので使いやすいです。手軽にトマトソースが作れて便利。

Passata di Pomodoro
トマトピューレ

完熟トマトの皮や種を取り、裏ごししたもの。パスタソースやピッツァ、煮込み料理などに使います。

イタリア料理を彩るハーブたち

僕が家で作るイタリア料理は基本的にはとってもシンプル。
そんなシンプルな料理を引き立てて表情豊かにしてくれる名脇役が、ずばりハーブ。
だから、手に入るなら絶対にフレッシュなハーブを使ったほうがいい。
イタリアでは多くの家庭で、ベランダや窓際などで料理に使うハーブを栽培しています。
ハーブを使いこなせたら、それだけでいつもの料理が
ぐっと本格的なイタリア料理に変わりますよ！

Salvia
セージ

殺菌や消化作用のあるハーブ
で、魚料理やソーセージなど
によく入れますが、溶かしバ
ターに入れるだけでも香りの
よいソースに。P100のサル
ティンボッカにも使っています。

Rosmarino
ローズマリー

イタリア語では「ローズマリーノ」。森林
を思わせるような独特な香りで、肉のロ
ーストやじゃがいもの料理に使います。

Timo
タイム

肉、野菜、卵などさまざま
な素材と合うし、長く煮込
んでも香りが飛ばないのが
特徴。だからスープや煮込
み料理にも使います。
P.108の「焼き魚のグリー
ンソース」にも登場。

Prezzemolo
イタリアンパセリ

イタリア語では「プレッツェ
ーモロ」。日本のパセリとは
ちょっと違って、料理の飾り
ではなく香りや風味をつける
ために使います。特に魚料理
には必要不可欠のハーブ。

Menta
ミント

ハーブティーによく使われ
るハーブですが、マリネに
加えたり、デザートのアク
セントにしたり。清々しい
香りで、食欲もアップ。

Basilico
バジル

トマトソースやジェノヴァペーストなど、イ
タリア料理に欠かせないバジル。爽やかな香
りは料理の大切なアクセントになるので、必
ずフレッシュなものを使って。我が家では、
「バジリコ」とイタリア風に呼んでいます。

前菜
Antipasti

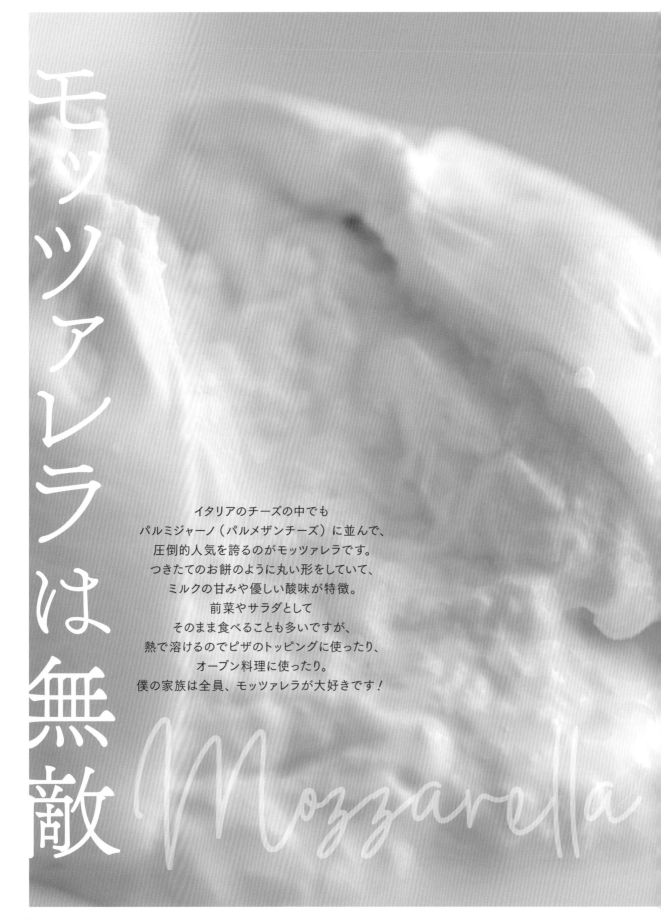

モッツァレラは無敵

イタリアのチーズの中でも
パルミジャーノ（パルメザンチーズ）に並んで、
圧倒的人気を誇るのがモッツァレラです。
つきたてのお餅のように丸い形をしていて、
ミルクの甘みや優しい酸味が特徴。
前菜やサラダとして
そのまま食べることも多いですが、
熱で溶けるのでピザのトッピングに使ったり、
オーブン料理に使ったり。
僕の家族は全員、モッツァレラが大好きです！

Mozzarella

我が家でよく食べるモッツァレラはこの3つ

Mozarella

モッツァレラ

イタリア・カンパーニア州で生まれたフレッシュチーズ。本来の原料は水牛の乳ですが、最近は牛乳で作られるものが主流。水牛の乳が原料のものは「モッツァレラ・ディ・ブファラ」、牛乳が原料のものは「モッツァレラ・ディ・ヴァッカ」もしくは「フィオレ・ディ・ラッテ」と呼ばれます。ブファラのほうが濃厚で、値段もやや高め。

Burrata

ブッラータ

モッツァレラの中に、生クリームとストラッチャテッラ(繊維状のモッツァレラ)が入っていて、バターのようなこっくりとした風味やまろやかな甘さが特徴です。ここ数年、日本でも大ブームで、イタリア料理店はもちろん、スーパーでも売られるようになりました。オリーブオイルをかけてそのままシンプルに食べるだけでも最高に美味しい。

Bocconcini

ボッコンチーニ

モッツァレラを小さなボール状にしたものがボッコンチーニ。サラダに入れたり、プチトマトと合わせてカプレーゼ風にして食べたり。コロコロとした見ためがかわいらしいので、料理にしたときにすごく映えます。この本では焼きナスと組み合わせた料理を紹介しましたが(P16)、そのまま串に刺してワインのおつまみにしても。

13

シンプルなカプレーゼ

ナポリを代表する前菜。トマトの赤、チーズの白、バジルの緑の
組み合わせがまさにイタリア。切り方も味つけもお好みで自由に。
香り高いエクストラヴァージンオリーブオイルをたっぷりかけて味わいましょう。

Caprese

材料（2人分）

● モッツァレラチーズ ……………………… 1個
● トマト ……………………………………… 1〜2個
● バジルの葉 ………………………………… 4〜5枚
● エクストラヴァージンオリーブオイル ……… 適量
● 塩・こしょう ……………………………… 適量

作り方

① モッツァレラチーズとトマトを好みの大きさに切る。写真は1cm弱の輪切り。

② 皿に交互に並べて、塩・こしょうとオリーブオイルを回しかける。大きめのボウルの中で全てを入れて混ぜてから盛りつけるのもおすすめ。

生ハムとモッツァレラ

生ハム（イタリアかスペイン産がおすすめ）の塩分だけでも十分な味つけなので、基本、
塩・こしょうは不要。モッツァレラチーズも手で好みの大きさにちぎればよいので
時短で見栄えのいいアンティパストになります。

材料（2人分）

- ●モッツァレラチーズ（手でちぎる）…………… 1個
- ●生ハム（プロシュート、1人3枚使用）…… 6枚
- ●ルッコラ（クレソンなど好みの野菜でもOK）
………………………………………… 2束
- ●エクストラヴァージンオリーブオイル ……… 適量

作り方

1. モッツァレラを6等分に手でちぎる。
2. 生ハムで1をそれぞれ軽く巻く。
3. 皿に盛りつけ、ルッコラを彩りでちりばめてから、オリーブオイルを回しかける。

15

モッツァレラと焼きナス

ナスをバジルの葉と共にソテーして、オリーブオイルで
マリネしたものを、「ボッコンチーニ」と和えた料理です。
フレッシュバジルの香りが移り、食欲をそそります。
このナスはとても便利で、
お肉のつけ合わせやパスタの具としても大活躍します。

材料（2人分）

- ●ボッコンチーニ …………………… 1袋
- ●長ナス（1cm弱の厚さに輪切り）…… 1本
- ●バジルの葉（ソテー用：1/2にちぎる）
  …………………………………… 6～7枚
- ●バジルの葉（あしらい用：そのまま使う）
  …………………………………… 3～4枚
- ●エクストラヴァージンオリーブオイル
  …………………………………… 適量
- ●塩・こしょう …………………… 適量

作り方

1. フライパンにオリーブオイルを引き、中火で熱する。
2. ナスを入れ、塩・こしょうをふりかけソテーする。
3. バジルの葉を入れて炒め、香りをナスに移す。
4. 焼き目がついたら、バットに移し、オイルをナスの表面を覆うくらいまで入れてマリネしておく。
5. ボッコンチーニと**4**のナスを和えて皿に盛り、フレッシュバジルの葉を添える。さらにナスを浸けていたオイルをかければ、風味がアップ。

Point

ソテーする際、お好みでニンニクを入れて香りをつけても美味しい！ ナスはマリネしておくと、いろいろな料理に使えて便利です。

モッツァレラとキャビア

身近な食材モッツァレラを
一瞬にしてスペシャルなひと皿に変身させてくれるキャビア。
味つけはキャビアの塩味と、アクセントに
エシャロットやシブレットを添えればOK。
記念日やおもてなしの贅沢なアンティパストに。

Mozzarella e Caviale

材料（2人分）

- ●水牛モッツァレラ（半分に切って使用）…… 1個
- ●キャビア …………………… 14g（7g×2皿分）
- ●紅芯大根
（大根でもOK。2〜3mmの厚さに切る）…… 2枚
- ●シブレット（あさつきでもOK）………… 適量
- ●エシャロット（みじん切り）……………… 少量
- ●オリーブオイル …………………………大さじ2

作り方

① モッツァレラを半分に切り、器にのせる。

② 2〜3mmの厚さに切った大根を直径4〜5cmの丸形にし（丸型のセルクルで抜いてもOK）、キャビアを安定させるお皿代わりにモッツァレラの上に置く。

③ キャビアをスプーンを使って**2**の上にのせる。

④ シブレットやエシャロットを飾りつけて、オリーブオイルを回し入れれば完成。みじん切りにしたエシャロットは、シャンパンか白ワインをかけておけば色が変わらず、風味もよくなる。

Point

キャビアをラグビーボール形に美しく盛る方法をご紹介。ティースプーンを2本用意して、両手で持ちます。スプーンに取ったキャビアを何回かスプーンですくい合うと形が整います。見た目のリュクス感がアップするのでぜひトライしてみて。

ブッラータをシンプルに

実は、この食べ方が僕はいちばん好きです。
ブッラータはそれだけで味が完成していて存在感があるので、
上質なオリーブオイルでフレッシュな香りを、黒こしょうでスパイスをプラス。
イタリアからも輸入されていますが、最近は国産のものも売られています。

材料（2人分）

- ●ブッラータ ……………………………… 2個
- ●オリーブオイル ………………… 大さじ2
- ●黒こしょう …………………………… 適量

作り方

① 皿にブッラータを置き、フォークなどで少し裂く。
② オリーブオイルと黒こしょう（できれば粗挽きのもの）を上からかける。

Burrata e Pomodorini

ricette di
antipasti

ブッラータとプチトマト

フルーツやトマト、生ハムと一緒に食べてもおいしいのがブッラータ。
今回はプチトマトとシャインマスカット、イチジクを合わせてみました。
お皿の上に絵を描くように、色やバランスを考えて盛りつけるのも楽しいですよ。
調味料はあえてなしで。お好みでオリーブオイルを垂らしても。

材料（2人分）

- ●ブッラータ ……………………………… 2個
- ●プチトマト（赤や黄）………………… 各6個
- ●シャインマスカット …………………… 6粒
- ●イチジク ………………………………… 2個

作り方

① ブッラータを平皿の中央に置いて少し裂く。
② 周りにプチトマトやフルーツをバランスよく飾る。

ビネガーを味方に

Aceto

オリーブオイルや塩を除けば、
我が家の食卓にいちばん多く登場する
調味料がビネガー（酢）。
イタリア語ではアチェートと呼ばれ、
そのほとんどがワインから
作られるワインビネガーです。
僕は赤白のビネガーのほかに、
熟成させたバルサミコビネガーや
ホワイトバルサミコをよく使います。

赤ワインビネガー

赤いぶどうを原料に
作られるビネガー。
白ワインビネガーと
比べると、少しだけ
コクや渋みがあり、
サラダのほかメイン
料理にも大活躍。

白ワインビネガー

白ぶどうから作られ
るビネガー。すっき
りと爽やかで、色も
つかないため、サラ
ダや魚のカルパッチ
ョ、マリネなどにお
すすめです。

（ 濱﨑家の 常備ビネガー ）

ホワイトバルサミコ

白ぶどうの果汁を煮
詰めて発酵させたあ
と白ワインビネガー
と混ぜて作られます。
すっきりとクセがな
く、マイルドな味わ
いが特徴。

バルサミコ

ぶどうの果汁を煮詰
め、木の樽に詰めて
長期熟成させたもの。
芳醇な香りと酸味の
中に、濃厚な甘みも。
料理の仕上げやデザ
ートにも使われます。

野菜の酢漬け

Sott'aceto

材料

- かぼちゃ、にんじん、さつまいも、ごぼうなどの野菜 ……適量
- ホワイトバルサミコ（白ワインビネガーでも可）………… 160cc
- ローリエの葉 …………………………………………… 1枚
- フェンネルシード ……………………………………… 小さじ1/2
- 水 ………………………………………………………… 400cc
- 塩 …………………………………………………………… 16g
- グラニュー糖 ……………………………………………… 60g

かぼちゃ

かぼちゃはひと口大に切って、歯応えを残したいので
少し硬めにゆでる。皮はつけたままでもOK。ザルに
上げて粗熱をとったら、マリネ用ビネガーに漬ける。

にんじん

今回は拍子木切りですが、輪切りなど好みの形に切って大丈
夫。にんじんは生でも食べられるので、さっと湯通しすれば
OK。ザルにとり、粗熱がとれたらマリネ用ビネガーに漬ける。

メイン料理のつけ合わせや前菜、ワインのおつまみなど、あると便利なので、僕はよく作ります。
野菜の切り方や量は臨機応変に。我が家ではホワイトバルサミコを使いますが、
白ワインビネガーでも大丈夫。その場合は少し砂糖を多くするなど、好みで調節して。
冷蔵庫で1～2時間冷やすと味がなじんで美味しくなります。

マリネ用ビネガーの作り方

① 鍋にフェンネルシードを入れて軽く煎り、そこにホワイトバルサミコ、ローリエ、水を入れて火にかける。

② 1が温まってきたら塩とグラニュー糖を加える。

③ 材料をよく混ぜる。

④ ひと煮立ちしたら、火をとめて冷ます。

さつまいも

たわしなどでよく洗って、好みの大きさに切る。小さければ輪切り、大きければ食べやすい大きさに。ちょっと硬めにゆでてザルにとり、粗熱がとれたらマリネ用ビネガーに漬ける。

ごぼう

ピーラーで皮をむいて斜めに3～4mmのスライスに。4～5分ゆでて柔らかくなったらザルに上げて、粗熱がとれたらマリネ用ビネガーに漬ける。

Peperonie Coamberi

材料（2人分）

- ●エビ ……………………………… 8尾
- ●赤パプリカ ……………………… 1個
- ●黄パプリカ ……………………… 1個
- ●プチトマト ……………………… 10個

A	
だし汁 …………………………… 180cc
白バルサミコビネガー ………… 35cc
水 ………………………………… 30cc
砂糖 ……………………………… 8g
塩 ………………………………… 2g

- ●板ゼラチン ……………………… 10g
- ディル、またはチャービル（お好みで）… 少量

作り方

1. エビはサッと湯がいて、1cm角くらいの大きさに切る。

2. 赤パプリカ、黄パプリカは5mm角くらいに切って、サッとゆがく。

3. プチトマトは4分の1にカットする。

4. **A**を鍋に入れ、ひと煮立ちさせたら火を止め、板ゼラチンを入れて粗熱をとる。

5. バットにエビ、赤黄パプリカ、プチトマトを入れてざっくり混ぜ、**4**を流し込む。

6. 冷蔵庫で2〜3時間、冷やし固める。

7. 器に盛り、あればディルやチャービルなど好みのハーブを飾る。

Point ─────────

エビや野菜をバットにまんべんなく薄く広げ、冷蔵庫で冷やし固める。バット代わりにガラスの容器などがあれば、そのまま食卓に出して取り分けても。

ricette di
antipasti

パプリカとエビの
ゼリー寄せ

イタリア料理を和にアレンジ…とまではいかなくても、
味のベースを和だしにしたり、アクセントに白醤油を使ったりすることはよくあります。
この前菜は色鮮やかで、見た目が華やかなので、ホームパーティなどにもおすすめ。
ちなみに和だしは、我が家ではカツオと昆布のだしが定番です。

トーストなどで焼いたバゲットにのせて♪

白身魚のマンテカートの作り方

基本的にはツナのマンテカートと同じ。白身魚（鱈がおすすめ・200g）を、あらかじめ牛乳（500cc）、サフラン3つまみ（なくてもOK）、砂糖・塩（各2つまみ）で煮ておきます。右ページの作り方1のじゃがいもやセロリのように沸騰した湯で湯がく場合はセロリの葉も入れると臭みがとれます。そのあと、湯切りしてマッシャーでつぶすのはツナと同じです。カニやホタテの缶詰でも代用できます。

ツナと白身魚の
マンテカート

マンテカートはイタリア語で〝練る〟という意味。干し鱈で作る「バッカラ マンテカート」は
ヴェネツィアの冬の名物料理で、BARやトラットリアに行けば必ずメニューに載っているほどポピュラーです。
今回は日本で手に入りやすいツナと白身魚で作ってみました。
白身魚は鱈、真鯛、ヒラメなど、なんでも大丈夫。いろいろなアレンジを楽しんでみてください！

Pesce Mantecato

材料（ツナのマンテカート4人分）

- ●ツナ（水煮缶）
  ……………… 小3缶（約200g）
- ●じゃがいも（皮をむいた状態で）
  ……………… 210 ～ 230g
- ●セロリ ………………… 1本分
- ●セロリの葉 ……………… 30g
- ●イタリアンパセリ（パセリでも）
  ……………… 2～3枝
- ●オリーブオイル ………… 大さじ7
- ●白ワインビネガー ……… 大さじ1
- ●塩・砂糖 ……………………… 適量

作り方

①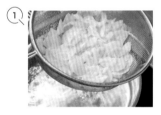
じゃがいもは薄切りに、セロリは筋を除いて薄い小口切りにして、水に4～5分間さらす。その間に、鍋に水1ℓ（分量外）、塩・砂糖を各々2～3つまみ加えて強火で煮立たせる。じゃがいもとセロリをザルで水切りしたら、ザルごと沸騰した湯の中に入れ、4～5分間ゆがいて柔らかくなったら湯を切る。

②
湯切りしたじゃがいもとセロリを鍋に戻し、火をつけずにオリーブオイル大さじ5を加えて混ぜ合わせる。

③
ツナを水切りし、粗みじん切りにしたセロリの葉やイタリアンパセリと共に2の鍋に加える。マッシャーなどでつぶしながら弱めの中火にかけ、木べらで練り混ぜて水分を飛ばす。オリーブオイル大さじ2と白ワインビネガーを加えて、全体がもったりするまで練り混ぜたら、塩・砂糖を少々加えて火から下ろす。

材料（2人分）

- ●卵 ……………………………… 4個
- ●車エビ ………………………… 4尾
- ●イタリアンパセリ ……………… 1枝
- ●赤タマネギ（スライス） ……… 1/8個
- ●ブイヨンまたは水 …………… 30cc
- ●辛子（チューブ） ……………… 5g
- ●塩 ……………………………… 適量

トマトソース

- ●トマト（中くらいの大きさ） ……… 2個
- ●トマトピューレ（市販のもの）
  ………………………………… 50g
- ●バジルの葉 …………………… 2枚
- ●オリーブオイル ……………… 20㎖
- ●塩・砂糖 ……………………… 適量

作り方

① 卵を沸騰した湯に12〜13分間入れて、ゆで卵を作る。殻をむいてから縦半分に切り、黄身を取り除く。

② ボウルに黄身と、ブイヨンと辛子を入れて混ぜる。それを白身のお皿代わりに下に敷く。

③ トマトソースを作る。オリーブオイルにバジルを入れて弱火で温め、プチプチ泡立ってきたら、ざく切りにしたトマトを入れて、塩・砂糖を入れる。
トマトをつぶしながら、トマトピューレを入れてひと煮立ちさせて。

④ 白身の中に**3**のトマトソースを流し込む。

⑤ ゆがいたエビや赤タマネギ、イタリアンパセリを飾れば完成。

Point

黄身を取り除いた部分に、トマトソースを流し込みます。その際、スプーンを使って丁寧にのせましょう。先に黄身の台に白身を安定させてから注ぎ込めばこぼれても安心。

ゆで卵の
エビのせ

見た目が華やかで、
食べ応えのある前菜として、
よくホームパーティなどで
出すのがこのエビと卵。
黄身をくりぬき、その黄身を
土台にして白身を置いて、
トマトソースを流し込んで
エビを飾ります。
下の台まで一緒に食べると
ちょうどいいバランスの
味が楽しめます。

半熟卵の前菜

簡単でかわいいと評判の前菜です。
ゆで卵の殻を残して、
お皿代わりにそのまま
スプーンですくっていただきます。
添えたじゃがいものローストも
美味しいのでよく作ります。
素材の旨さをそのまま味わえる
家族に人気の一品です。

Uova alla coana

Point

冷水で冷ました卵をナイフの
背で優しくトントンとたたき
ながらぐるり一周、割ってい
きます。軽くひびが入ったら、
ナイフの刃でふたつに切ると
キレイな切り口になります。

材料（2人分）

● 卵 ……………………………… 3個
● 白ワインビネガー（お酢でもOK）… 大さじ1
● 塩 …………………………… 大さじ1/3
● 塩・黒こしょう ………………………… 適量
● じゃがいも（小玉）…………… 3個
● ローズマリー ………………… 1枝
● オリーブオイル ………… 大さじ2
● バター（無塩）…………… 10g

作り方

① 小さめの鍋に1.5ℓの水（分量外）と、白ワインビネガーかお酢と、塩を入れて沸騰させる。そこに、冷蔵庫から出したばかりの卵を入れて8分間ゆでる。

② 卵を取り出し、冷水に入れて冷ましたら、包丁の背で殻を割り、塩・こしょうを振る。

③ じゃがいもを6〜8分間硬めにゆでる。湯切りしたら半分に切る。

④ 鍋にオリーブオイルを引き、じゃがいもを入れて焼き色がつくまで焼く。ローズマリー（半量）のみじん切りとバターを絡めてバットに上げて、塩・こしょうをかける。

⑤ 皿にじゃがいもローストと、ゆで卵を盛り、ローズマリーを添えたらでき上がり。

Fritto di cavolfiore

ricette di
antipasti

カリフラワーのフリット

お酒のおつまみとしても、おやつとしても満足感の高い野菜フリットをご紹介。カリフラワーのフリットは、
パルミジャーノチーズを入れることで見た目もかわいく、ふわっと鼻にチーズの香りが抜けて美味しいです。
この分量で作る衣はとても軽いので、いくつでも食べられますよ。

材料（2人分）

● カリフラワー ……………………… 1/2個

衣（ころも）

● 卵 …………………………………… 2個
● 薄力粉 …………………………… 大さじ4〜5
● パルミジャーノチーズ ………… 大さじ6〜7
● 塩 ……………………………… 小さじ1/3

作り方

① カリフラワーをひと口大に分ける。
② 衣を作る。卵、薄力粉、パルミジャーノチーズ、
　塩をボウルに入れて混ぜ合わせる。
③ カリフラワーに衣をつけて、160〜170℃の油
　で色づくまで揚げる。

レンコンのフリット

レンコンのフリットも、我が家ではよく食べます。ポイントは、炭酸水を入れて作る衣。
サクサクと軽い口当たりで、あっという間に食べてしまいます。下味は不要で、揚げてから粗塩を振るのみ。
レンコンをサッとゆがき、衣もサッと混ぜて揚げるだけと、本当に簡単！

材料（2人分）

- ●レンコン ……………………… 1/3本
- 衣
- ●炭酸水 ………………………… 150㎖
- ●薄力粉（冷やしておくとよりサックリ）
  …………………………………… 75g
- ●粗塩 ……………………… 小さじ1

作り方

1. レンコンは皮をむいて、7mm程度の厚さにカットする。
2. 沸騰した湯にレンコンを30秒程度サッとゆがいてアクを取る。
3. ボウルに炭酸水と薄力粉を入れて、軽く混ぜる。
4. レンコンに衣をつけて、180℃の油で2分程度、衣がカラッとなるまで揚げる。
5. 油を切り、粗塩をまぶせば完成。

青 の り の ゼ ッ ポ リ ー ネ

ricette di antipasti

ゼッポリーネ

薄力粉とドライイーストを使って衣を作るゼッポリーネ。サクサク軽くておつまみに最適です。
具材はなんでもいいのですが、塩気や風味のあるもののほうが美味しいですね。
常温で1時間程度、衣を寝かせるとイースト菌が発酵してサクサク感がアップします。

Zeppoline

（材料（2人分））

衣（ころも）

●ドライイースト ……… 3g	●薄力粉 ……………… 100g
●塩 …………………… 2g	●水 ………………… 120㎖
●砂糖 ………………… 3g	

具材

- ●青のり ………… 大さじ1/2〜1
- ●しらす …………… 50g程度
- ●桜エビ …………… 50g程度

桜エビのゼッポリーネ

しらすのゼッポリーネ

作り方

ボウルの中に薄力粉、ドラ
イイースト、塩、砂糖を入
れて混ぜる。

水を少しずつ合わせながら
混ぜていく。イースト菌が
どんどん発酵してくるので
1時間ほど常温で寝かせて。

お好みの具材を衣に混ぜて、
スプーンでひと口大にすく
う。170〜180℃の油でや
や色づくまで揚げれば完成。

- ●グリーンオリーブ ……………… 8個
- ●ミックスオリーブ（瓶詰でOK）……… 1瓶

マリネ用たれ
- ●粒こしょう（黒・白） ………… 各5g
- ●フェンネルシード ……………… 4g
- ●唐辛子 ……………………… 2本
- ●エクストラヴァージンオリーブオイル … 160㎖
- ●オレンジの皮（細く千切り） ………… 適量
- ●ローリエの葉 ……………………… 1枚

作り方

①
鍋にこしょう、フェンネルシード、唐辛子を入れて中火で軽く煎る。香りが出てきたらローリエの葉とオリーブオイルを加えて。

②
プチプチ泡が立ってきたら火を止める。オレンジの皮は、このタイミングで入れるか、食べるときに上から散らしてもOK。

③
オイルの粗熱を取ったら、密閉できる容器にオリーブの実と入れて混ぜる。ローリエやオレンジの皮も一緒に入れると香りづけに。グリーンオリーブは、食べるときに粒こしょうや唐辛子を添えると食欲をそそる。

ricette di
antipasti

オリーブの
マリネ

マリネとはオイル漬けのこと。
オリーブの実をハーブや
唐辛子と一緒にマリネして
瓶に入れておけば
日もちします。

オレンジの皮を
散らすと
見た目もおしゃれ♪

ricette di antipasti

ドライトマト

ドライといっても、半生の柔らかいドライトマト。
トマトの甘みが口の中に広がります。
このまま食べてもいいし、
パスタに混ぜたりパンにのせたり、と大活躍。
3〜4日もつので、作り置きしておくと便利です。

材料（2人分）

- ●プチトマト（半分に切る）……………… 15個
- ●乾燥バジリコ ………………………… 適量
- ●塩 …………………………………… 適量
- ●エクストラヴァージンオリーブオイル … 30㎖

作り方

① プチトマトを半分にカットする。
② オリーブオイルを全体にサーッとかけ、乾燥バジリコ
と塩もお好みで振ってからオーブンで120℃なら30〜
40分、110℃なら1時間くらい焼けば完成。

Point

このドライトマトは少し水分が残るくらいのセミドライな感じです。焦げないように注意してください！

(オリーブオイルのアレンジ)

イタリア料理になくてはならないものNo.1といえばやっぱりオリーブオイル。
ガーリックオイルは一度作っておくと、ほぼ全ての料理に使えるし、
オーリオ サントは味にアクセントをつけたいときや辛みを足したいときに便利。
時短にもなるので、ぜひ作ってみてください。

Oglio santo

Aglio olio

オーリオ サント

〝聖なるオイル〟といわれ、イタリアでは料理に辛さをプラスしたいときに使う、唐辛子入りオイル。辛いものが好きな人はもちろん、子供がいて料理に唐辛子を使えないときなどに最後の仕上げにたらりとかけるだけで、ピリッとスパイスの効いたひと皿に。

材料と作り方（量はお好みで）

① 唐辛子を鍋で中火で煎る。このひと手間で香ばしさがプラスされる。

② オリーブオイルを注ぎ入れて、表面が泡でブツブツしてきたら完成。冷ましてから保存用の容器に移す。

ガーリックオイル

オリーブオイルとにんにくは、イタリア料理における鉄板コンビ。このガーリックオイルをあらかじめ作っておけば、パスタはもちろん、シンプルな野菜炒めやグリル料理などにも大活躍。ただ長く保存できるものではないので、3日くらいで使い切りましょう。

材料と作り方（量はお好みで）

① にんにく（5〜6片）は1/2にカットし、小鍋に入れる。にんにくに芽があれば取り除いて。

② オリーブオイル（200cc）を注ぎ入れる。中火にかけて、表面が泡でブツブツしてきたら弱火にし、にんにくに少し色がついたら火を止めて冷ます。

サラダ

insalata

ricette di
Insalata

フレッシュ
グリーン
サラダ

いちばんシンプルで、でもいちばん
飽きのこないサラダ。
肉料理のつけ合わせにしたり、
軽く済ませたいときは、
たっぷり盛って生ハムやパンと
一緒に食べたり。
ルッコラ、ベビーリーフ、クレソン、
セロリの葉、水菜など、
緑色の葉もの野菜ならなんでもOK。
数種類をミックスしてもいいし、
1種類だけでも。

材料（2人分）

●ルッコラ、ベビーリーフなど緑の葉もの野菜 ………… 適量
●オリーブオイル …………………………………… 大さじ2
●ワインビネガー（白でも赤でも可）……………… 大さじ1
●塩・こしょう …………………………………………… 適量
（調味料は、好みで量を調整して）

作り方

①　葉もの野菜を洗ったら、よく水を切る。大きければ、食べ
　　やすい大きさに手でちぎる。
②　ボウルに**1**、オリーブオイル、ワインビネガー、塩・こし
　　ょうを入れて、トングもしくは手で全体をよくなじませる。

Point

オリーブオイルやビネガーは、トングや手
を使って野菜にまんべんなく絡めるのがお
いしく仕上げるコツです。ドレッシングを
和えるタイミングは、食べる直前！

鮮やかな
ミックス
サラダ

グリーンの葉もの野菜のほかに、
トレビスやにんじん、
トマトなどを入れて色鮮やかに
仕上げたサラダ。
ドレッシングは基本的に
グリーンサラダと同じで、
食べる直前に全体にまんべんなく
絡むように混ぜます。
これにツナやアンチョビ、
ゆで卵、ゆでたじゃがいも
などを切って入れると、
栄養もボリュームもたっぷりの
カプリチョーザ（気まぐれサラダ）に。

Insalata mista

材料（2人分）

- ●エンダイブやトレビス、
  ルッコラなど ‥‥‥‥‥‥ 適量
- ●にんじん、プチトマト ‥‥‥ 適量
- ●オリーブオイル ‥‥‥‥ 大さじ2
- ●ワインビネガー
  （白でも赤でも可）‥‥‥大さじ1
- ●塩・こしょう ‥‥‥‥‥‥ 適量
  （調味料は、好みで量を調整して）

作り方

① 葉もの野菜は洗って、食べやすい大きさにカットするか手でちぎる。
② にんじんは千切り、プチトマトは1/2にカット。
③ ボウルに**1**と**2**、オリーブオイル、ワインビネガー、塩・こしょうを入れて、
   トングもしくは手で全体をよくなじませる。

こうすればさらに
おいしく！

野菜を前の晩、もしくは数
時間前に水で洗っておきま
す。それをキッチンペーパ
ーでくるんでタッパーに入
れ、冷蔵庫に入れておくと
シャキシャキに！

鶏ささみのサラダ

鶏のささみをゆでて手でほぐし、
そこにタルタルソースを和えるだけの簡単レシピ。
卵が入ることでマイルドな味になり、
キャベツのシャキシャキ感も楽しめて満足度が高いです。
サラダの具材は好きなものでOK。
今回は香味野菜としてパセリの茎を入れてみました。

Insalata di pollo

材料（2人分）

- ●鶏ささみ ……………………… 4本
- ●セロリの葉………………………… 1本分
- ●レモン ……………………… 1/4個
- ●キャベツ（千切り）………… 1/4個
- ●砂糖・塩 …………………… 適量

タルタルソース

- ●ゆで卵 ……………………… 3個
- ●タマネギ（みじん切り。ザルで水に軽く
  さらし、水分をペーパーでよく絞る）
  ……………………… 小1/2個
- ●ピクルス（みじん切り）……… 40g
- ●パセリ（茎部分のみじん切り）
  ……………………………… 適量
- ●マヨネーズ ………………… 100g
- ●レモン汁（好みで）………… 1/3個

作り方

① 鍋に水（分量外）を入れ、セロリの葉、砂糖と塩をそれぞれ2〜3つまみ、レモン汁かレモンの皮を入れて沸騰させる。

② 沸騰したら、同じ鍋でささみもゆでる。

③ ささみに火が通ったら水を切り、冷めてから手でほぐす。

④ ゆで卵、タマネギ、ピクルス、マヨネーズ、パセリ、好みでレモン汁をボウルに入れ、混ぜてタルタルソースを作っておく。それをささみと混ぜる。

⑤ 味見しながら、酸味を足したい場合は、レモン汁か白ワインビネガー（分量外）を少しずつ加えて調整する。皿に盛り、キャベツをちらす。

タコのサラダ

南イタリアで前菜としてよく食べられるひと皿。
じゃがいもとタコだけで作ってもいいのですが、
セロリや赤タマネギを入れると爽やかさが加わるし、
シャキッとした歯応えもプラスされて
バランスがよくなります。じゃがいもは今回、
甘みとコクの強い「インカの目覚め」を使いましたが、
男爵系のじゃがいももおすすめです。

材料（2人分）

- ●じゃがいも …… 2～3個（180～200g）
- ●ゆでダコ ………………………… 100g
- ●セロリ（葉の部分も含む）
  ………………………… 50g＋葉の部分
- ●赤タマネギ …………… 1/8個（約30g）
- ●オリーブオイル ……………… 大さじ2
- ●白ワインビネガー ……………… 大さじ1
- ●塩・黒こしょう（お好みで）……… 適量

作り方

1. じゃがいもは皮をむき、乱切りにして柔らかくゆでる。お湯を捨てたら一度鍋に戻して火にかけ、粉をふかす。

2. 赤タマネギはスライスして、水にさらしておく。

3. ボウルに**1**のじゃがいも、スライスしたセロリと赤タマネギ、乱切りにしたゆでダコを入れてざっくり混ぜる。

4. オリーブオイル、白ワインビネガー、塩・こしょうで味を調える。

Point

じゃがいもは柔らかくゆでたものをもう一度鍋に戻し、火にかける。粉をふかすことでオリーブオイルやワインビネガーなどが絡みやすくなります。

シンプルなおうちごはんも、盛りつけ次第でおもてなしメニューに！

料理の面白いところは、お皿や盛りつけ次第で
全然別のものになってしまうこと。絵を描くのに少し似ているかもしれません。
ホームパーティや特別な日にはちょっとだけ工夫をして、
いつもの料理を華やかにランクアップさせてみてください。

Disposizione 03

P78のスープパスタのように、お皿の
リム（縁）にチーズやハーブのみじん切
りを散らすのもおしゃれ。少しずつつ
けて食べれば、味変も楽しめます。

Disposizione 01

ズッキーニをゆでてオリーブオイルと塩・
こしょうで味つけしたシンプルな料理。緑
と黄色のズッキーニを縦に細長く切ってゆ
でて、交互に重ねてお皿に盛りつけただけ。
仕上げにレモン汁とミントの葉を添えれば、
レストランの前菜のようなひと皿に。

Disposizione 02

P82のカブとカリフラワーのポ
タージュ。紫キャベツのみじん
切りとカリカリに煎ったパン粉
を散らしてドレスアップ。

パスタ

Pasta

アーリオオーリオの パセリ盛り

パスタの中でも間違いなくいちばんシンプル。
それでいて、オリーブオイルの量や入れるタイミング、味つけ、
パスタのゆで具合など塩梅が難しいのがこのひと皿。
なんども作っているうちにコツがつかめるので、諦めずにトライしてみて。
我が家ではイタリアンパセリをたっぷり盛って、さっぱり食べるのが定番です。

Aglioolioepeperoncino

材料(2人分)

●オリーブオイル（調理用）
……………………………… 大さじ1と1/2〜2
●オリーブオイル（仕上げ用）…… 大さじ1
●にんにく（包丁の背などでつぶす）… 1片
●唐辛子 ………………………… 1〜2本
●スパゲッティ ………………………… 120g
●イタリアンパセリ ………………… 1つまみ
●塩・こしょう ………………………… 適量
※パスタをゆでるときの塩は分量外。

作り方

①
フライパンにオリーブオイルとにんにくを入れて弱火にかけ、にんにくの香りが漂ってきたら唐辛子を入れて一旦火を止める。ガーリックオイル（大さじ1と1/2・作り方はP38を参照）を使用してもOK。

②
スパゲッティをゆで、1に入れてよく和える。オリーブオイル、塩・こしょうで味を調える。仕上げにオリーブオイルで調節を(少し多めでも大丈夫です)。

③
お皿に盛り、手でちぎったイタリアンパセリを飾る。

フレッシュトマトの スパゲッティ

スパゲッティをゆでている間にできてしまう手軽なひと皿。
材料を煮込む必要がなく、トマトのフレッシュ感や爽やかな酸味、タマネギの
シャキシャキ感も味わえます。トマトの代わりにプチトマトでも。

Spagetti al pomodoro fresco

材料（2人分）

- ●トマト（ざく切り）……………… 4個
- ●タマネギ（みじん切り）……… 1/8個分
- ●にんにく（包丁の背などでつぶしておく）
  ………………………………… 1個
- ●オリーブオイル ……………… 大さじ1
- ●バジルの葉 ……………………… 7〜8枚
- ●塩・こしょう …………………… 適量
- ●スパゲッティ …………………… 120g

※パスタをゆでるときの塩は分量外。

作り方

①  鍋にオリーブオイルとつぶしたにんにくを入れて弱火にかけ、香りがしてきたらみじん切りにしたタマネギを加えてサッと炒める。ここで1〜2つまみの塩を入れる。

②  ざく切りにしたトマトを入れ、塩・こしょうを入れたら、フタをして1〜2分そのまま中火にかける。

③  トマトがこのくらいの状態になったら完成。少し煮崩れるくらいで。

④  アルデンテに仕上げたスパゲッティを3のフライパンに入れ、ソースを絡ませる。皿に盛り、バジルの葉をのせる。パルミジャーノチーズをかけて食べるとさらに美味しい。

あさりのパスタ

パスタ料理の中でも1、2を争うほどポピュラーなボンゴレ（あさり）のパスタ。
濵﨑家では白ワインを使わず、水とボンゴレだけの直球勝負。
シンプルかつ、ダイレクトにあさりの美味しさが味わえます。
僕はこのパスタが大好物なのでよく作ります。
リングイネは、スパゲッティを軽くつぶしたような形のロングパスタですが、
もちろんスパゲッティを使っても同じように美味しくできますよ。

Linguine alle vongole

材料（2人分）

- ●あさり …………………………… 約400g
- ●オリーブオイル …………… 大さじ1と½
- ●にんにく（包丁の背などでつぶしておく）
  ………………………………………… 1片
- ●水 ………………………………… 80cc
- ●イタリアンパセリ（みじん切り）…… 適量
- ●リングイネ（もしくはスパゲッティ）
  ………………………………………… 120g

※パスタをゆでるときの塩は分量外。

作り方

①  フライパンににんにく1片とオリーブオイルを入れて弱火にかける。香りがしてきたら中火にし、塩抜きしたあさり、水を入れて、フタをする。

②  あさりの殻が開いたら、ボウルなどにあさりだけを取り出す。

③  硬めにゆでたリングイネを**2**のフライパンに入れる。ゆで汁を残しておき、それも少し入れてパスタの硬さを調節。軽く煮込む感じでソースとよく和える。

④  イタリアンパセリを入れてさらに少し煮込めば完成。パスタをお皿に盛り、最後に上からあさりを盛りつける。

カルボナーラ スパゲッティ

ローマの名物料理で、子供から大人までみんなが大好きなパスタ。
本場のカルボナーラはパンチェッタ（塩漬けにし熟成させた豚バラ肉）と、
ペコリーノ・ロマーノという羊のチーズを使います。手に入ったらぜひ挑戦してみて。
名前の由来は、上にかけたこしょうが炭（イタリア語でカルボーネ）に見えることから。
黒こしょうはぜひ粗挽きを。

材料（2人分）

- ●ベーコン …………………… 80g
- ●卵黄 ………………………… 2個分
- ●生クリーム ………………… 50cc
- ●ブイヨン（水または牛乳でもOK）
  ………………………………… 15cc
- ●パルミジャーノチーズ …………… 30g
- ●オリーブオイル …………… 大さじ1
- ●にんにく（みじん切り）…………1片
- ●塩・黒こしょう ………………… 適量
- ●スパゲッティ ………………… 120g
- ※パスタをゆでるときの塩は分量外。

作り方

1. フライパンにオリーブオイルとにんにくを入れ、弱火にかける。

2. 香りが出てきたら短冊状に切ったベーコンを加えて炒める。色がついたら火を止める。

3. ボウルに卵黄、生クリーム、ブイヨン、パルミジャーノチーズを入れて混ぜる。

4. ゆでたスパゲッティを**2**のフライパンに入れ、さらに**3**を入れて絡ませる。塩で味を調える。

5. 火をつけて中火にし、ソースにとろみがついたら完成。

6. 器に盛り、黒こしょうを振りかける。

アンチョビとバターの ブカティーニ

ブカティーニは、ストローのように中が空洞になったロングパスタ。
スパゲッティを使ってもいいけれど、
ソースの味が濃くてしっかりしているので、太めのほうが相性がいいです。
南イタリアの家庭では余ったパン粉を煎ってチーズ代わりにかけて食べることも。
庶民的ですが、サクッとした歯応えも楽しめて、これがなかなかいい感じなんです。
ガーリックオイル（P38）を使う場合はにんにくもゴロッと入れて。

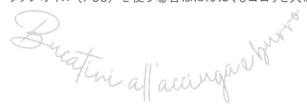

Bucatini all'acciuga e burro

材料（2人分）

- ●オリーブオイル ………………… 大さじ1
- ●にんにく（みじん切り）…………… 1片
- ●バター ……………………………… 15g
- ●イタリアンパセリ（みじん切り）
………………………………… 大さじ1
- ●アンチョビフィレ（細かく刻む）
………………………………… 3枚分
- ●唐辛子 ……………………………… 1本
- ●ブカティーニ（もしくはスパゲッティ）
………………………………… 120g

※パスタをゆでるときの塩は分量外。

作り方

① フライパンにオリーブオイルとにんにくを入れ（このページではP38のガーリックオイルを使用）、オイルに香りが移ったらバターを加える。さらにアンチョビフィレを加えて炒める。

② 1の中に唐辛子、イタリアンパセリ（日本のパセリでも可）を入れる。

③ ブカティーニを表示時間通りにゆでて2に加え、よく和える。
※ブカティーニは、好みによって柔らかめでもOK。

④ お皿に盛りつけたあとに、あれば、煎ったカリカリのパン粉（P88）を振りかける。オーリオ サント（P38）をかけるとピリッと辛口に。

カチョ エ ペペ

イタリア語でチーズといえば〝フォルマッジョ〟ですが、
イタリア南部やトスカーナ地方では〝カチョ〟と呼ばれています。
カチョ エ ペペはその名の通り、チーズとこしょうのパスタ。
カルボナーラ、アマトリチャーナと並んで、
ローマのあるラッツオ州の3大パスタのひとつです。
現地では羊のチーズ、ペコリーノ・ロマーノが定番ですが、
パルミジャーノチーズやリコッタチーズでもOK。
手際よく、ささっとスピーディに作るのが美味しく仕上げるコツです。

材料（2人分）

- ●オリーブオイル ……………… 大さじ1
- ●にんにく（みじん切り）…………… 1片
- ●ローズマリー ………………………… 1枝
- ●パルミジャーノチーズ ……… 大さじ3
- ●ブイヨン（なければパスタのゆで汁）
  …………………………… 30cc
- ●黒こしょう ……………………… 適量
- ●スパゲッティ ……………………… 120g
※パスタをゆでるときの塩は分量外。

作り方

① フライパンにオリーブオイルとにんにくを入れ（P38のガーリックオイルでも可）、香りが出てきたらローズマリーを1枚入れる。ローズマリーの香りが移ったら火を止める。

② 1にやや硬めにゆでたスパゲッティを入れ、黒こしょうをかける。

③ ブイヨンを入れ、よく混ぜる。最後にパルミジャーノチーズを入れて、さっくり混ぜれば完成。

ブロッコリーのパスタ

クタクタになったブロッコリーがパスタと絡んで、
なんともいえず味わい深いひと皿。オレキエッティは「小さな耳」という意味。
もともとは南のプーリア地方でよく食べられていたパスタですが、
今ではイタリア全土で愛されていて、日本でも多くのスーパーで見かけるようになりました。
食べやすく、見た目もかわいらしいので、
野菜嫌いの子供にもぜひ作ってみてあげてください。

材料（2人分）

- ●ブロッコリー ………………………… 80g
- ●アンチョビフィレ（粗く刻む）
　……………………………………… 3本分
- ●オリーブオイル（調理用）
　……………………………… 大さじ1と1/2
- ●オリーブオイル（仕上げ用）……… 大さじ1
- ●にんにく（みじん切り）…………… 1片
- ●唐辛子 ………………………………… 1個
- ●オレキエッティ（ほかのパスタでもOK）
　………………………………………… 120g
※パスタをゆでるときの塩は分量外。

作り方

① 鍋にオリーブオイルとにんにくを入れて（P38のガーリックオイルでも可）、香りが出てきたら、アンチョビと唐辛子を入れて軽く炒める。

② ゆでて小さく刻んだブロッコリーを1の鍋に入れる。

③ ブロッコリーをつぶしながら弱火で炒める。

④ 表示時間通りにゆでたオレキエッティを加えて、よく混ぜる。最後にオリーブオイルで味を調える。

ドライトマトと リコッタチーズのペンネ

P37で作ったドライトマトを使ったパスタ。
なければ市販のドライトマトでも、生のプチトマトでも大丈夫です。
ほんのり甘くて、柔らかなリコッタチーズは、トマトと相性抜群。
あっさりしていてカロリーも控えめなので、
夏場など食欲があまりないときでもするんと食べられてしまいます。
ペンネはペン先の形をした、ショートパスタの中でもいちばんポピュラーなパスタ。
チーズを絡めながら食べてくださいね。

材料（2人分）

- ●リコッタチーズ ‥‥‥‥‥‥‥‥ 30〜40g
- ●オリーブオイル ‥‥‥‥‥ 大さじ1と1/2
- ●にんにく（みじん切り） ‥‥‥‥‥ 1片
- ●ドライトマト（なければプチトマト）
‥‥‥‥‥‥‥‥‥‥‥‥‥‥‥‥‥ 10個
- ●塩・こしょう ‥‥‥‥‥‥‥‥‥‥ 適量
- ●ペンネ ‥‥‥‥‥‥‥‥‥‥‥‥ 100g

※パスタをゆでるときの塩は分量外。

作り方

① 鍋にオリーブオイルとにんにくを入れて、にんにくの香りがオイルに移ったら、ドライトマト（プチトマトを使う場合は半分にカット）を入れる。

② 表示通りにゆでたペンネを**1**に入れ、塩・こしょうで味を調える。

③ お皿に盛り、リコッタチーズをスプーンですくってのせる。あればバジルの葉を飾る。リコッタチーズは好みで量を増やしてみて。

| memo |

＼ **P37のドライトマトを 使っています♪** ／

トマトはフレッシュなものよりも、ドライにすることでコクと甘みが増します。小さく刻んでソースのアクセントにしたり、そのままバゲットにのせて食べたり。いろいろなアレンジが楽しめるので、作っておくと何かと便利です。

トマトとウニの冷製カペッリーニ

パスタというよりも、前菜として楽しむことが多いひと皿。
おいしいウニが手に入ったときや、記念日や誕生日などの特別な日によく作ります。
ウニというとクリームソースのイメージがあるかもしれませんが、
僕はさっぱりとトマトソースでいただくのが好きです。
冷製のパスタは合わせるソースも繊細なので、
スパゲッティではなく極細のカペッリーニを使って。

Capellini al Pomodori freddi con Ricci di mare

材料（2人分）

● フレッシュトマトソース
（作り方はP102参照）……… 大さじ6
● オリーブオイル …………… 大さじ1
● 生ウニ ………………… 大さじ2
● カペッリーニ ……………… 60g
※パスタをゆでるときの塩は分量外。

作り方

1. ボウルにフレッシュトマトソースとオリーブオイルを入れる。

2. カペッリーニを表示時間通りにゆで、冷水で締めて、水分をよく切る。

3. カペッリーニを1に入れて、よく和える。

4. 器に盛り、ウニを飾り、（あれば）シブレットやあさつきの輪切りをのせる。

イカと野菜のスパゲッティーニ

「出回る時期も同じころだし、イカと枝豆を組み合わせたら
美味しいはず」という発想から生まれたのがこのパスタ。
色鮮やかで、野菜もたくさんとれるし、何かワンプレートで食事を終わらせたい…
というときにもおすすめです。
スパゲッティーニはスパゲッティよりも少しだけ細いパスタ。
なければスパゲッティやリングイネを使って!

材料（2人分）

- ●イカ ………………………………… 120g
- ●にんじん …………………………… 40g
- ●セロリ ……………………………… 40g
- ●プチトマト（1/4にカット）………… 8個
- ●枝豆（ゆでて中身だけ取り出す）
  ………………………………… 30g〜40g
- ●オリーブオイル …………… 大さじ1と1/2
- ●にんにく（みじん切り）………………… 1片
- ●アンチョビフィレ（粗く刻む）…… 1〜2本
- ●塩 …………………………………… 適量
- ●スパゲッティーニ ………………… 100g

※パスタをゆでるときの塩は分量外。

作り方

1. イカ、セロリ、にんじんを5mm角に切る。

2. 鍋にお湯を沸かして塩（分量外）を加え、小さめのザルなどを使ってイカをさっとゆがく。セロリとにんじんも同じようにゆでる。

3. 鍋にオリーブオイルとにんにくを入れ、弱火にかけて香りを移す。さらにアンチョビを入れて、軽く炒める。

4. **3**の鍋にイカ、セロリ、にんじん、プチトマト、枝豆を加える。

5. パスタを表示時間通りにゆで、**4**に入れて和える。最後に塩、オリーブオイル（分量外）で味を調える。好みでバジルの葉を添えても、香り豊かで美味しい。

| memo |

スパゲッティとスパゲッティーニの違い

スパゲッティーニというのは、直訳すると小さなスパゲッティという意味。実際にはスパゲッティよりもやや細めのロングパスタを指します。あっさりしたソースや魚介のソースに合わせる場合によく使います。

Point ―――――――

野菜やイカはあらかじめ準備しておくと手際よくできます。オリーブオイルのソースとサッと和えて、熱いうちにパスタに絡めて仕上げるのが美味しく仕上がるコツです。

サーモンの クリームパスタ

サーモンと生クリームはとっても相性がよく、子供から大人まで幅広く喜ばれるひと皿です。
香りづけにブランデーを使うのが濱﨑流。風味がぐっとよくなります。
ファルファッレは蝶の形をしたパスタ。
ペンネでも、スパゲッティでもパスタなら何を使ってもいいのですが、
ソースの味が濃厚なのでロングパスタの場合は細めよりも太めのほうがベターです。

Farfalle alla panna con salmone

材料（2人分）

- スモークサーモン ………………… 100g
- ほうれん草 ………………………… 3株
- 生クリーム ………………………… 100cc
- オリーブオイル ………………… 大さじ3
- ブランデー（ウイスキーでも可）
  ………………………… 大さじ1と1/2
- 塩・黒こしょう ………………………… 適量
- パルミジャーノチーズ ………… 大さじ1
- ファルファッレ ………………… 100g

※パスタをゆでるときの塩は分量外。

作り方

① フライパン（フッ素樹脂加工のもの）にオリーブオイルを入れて弱火にかけ、スモークサーモンを入れてほぐしながら炒める。

② 香りづけにブランデー（ウイスキーでも可）を加え、アルコール分を飛ばす。

③ ゆでてみじん切りにしたほうれん草と生クリームを加え、ひと煮立ちさせる。

④ 表示時間通りにゆでたファルファッレを加えて混ぜ、最後にパルミジャーノチーズと塩・黒こしょうで味を調える。

Point

食べやすくするために、スモークサーモンはヘラなどで細かくほぐして。焦がしたくないので、フライパンはフッ素樹脂加工のものを使いましょう。

ブランデーを入れることで風味がよくなるだけでなく、ちょっとこなれた味（!）に仕上がります。入れる際は、火が強いと引火する場合があるので気をつけて。

カラスミの スパゲッティーニ

イタリアではカラスミは〝ボッタルガ〟と呼ばれ、地中海に浮かぶ
サルデーニャ島の名物です。パスタには、あらかじめパウダー状にしたものを使うと
簡単に作れます。今回はスパゲッティよりもやや細めのスパゲッティーニを使いましたが、
好みのパスタをいろいろ試してみるのも楽しいですよ。

材料（2人分）

- ●カラスミパウダー …………………大さじ2
- ●オリーブオイル …………大さじ1と1/2
- ●にんにく（みじん切り）………………　1片
- ●バター ……………………………… 10g
- ●インゲン ………………………… 8〜10本
- ●唐辛子（好みで）………………… 1本
- ●オーリオ サント（P38参照。好みで）
  ………………………………………… 少々
- ●スパゲッティーニ ………………… 120g

※パスタをゆでるときの塩は分量外。

作り方

① フライパンにオリーブオイルとにんにくを入れて弱火にかけ、にんにくの香りがオイルに移ったら、バターを加える。

② ゆでて斜めに細くスライスしたインゲンを1に入れる。

③ 唐辛子かオーリオ サント（P38参照）を少し入れる。

④ ゆでたスパゲッティーニを3に入れ、カラスミパウダー（飾り用に少し残しておく）を加えて混ぜる。

⑤ 器に盛って、上から残りのカラスミパウダーをかける。

ラグー3種

Ragù di manzo

牛肉のラグー

牛肉のラグーは、いわば「家庭版ボロネーゼ」。あれば乾燥ポルチーニを戻して絞って、
みじん切りにしたものを隠し味にすると本格的な味わいに。
多めに作っておいて、2人分だとソース200gくらいを目安に使います。
残ったものは冷凍しておいて、ラザニアやグラタンのソースとして使ったり、
パンにそのままのせて食べても美味しいです。

Ragù di pollo

ricette di

鶏肉のラグー

牛肉のラグーと比べるとかなりさっぱりとした味わいで、ヘルシー。
必須ということではありませんが、赤タマネギのスライスや白髪ネギを
上にのせることでより爽やかなひと皿に仕上がります。
少し多めに作って冷凍しておけば、和食ならお豆腐にかけたり、
炊きたてのごはんにのせて食べたり、いろいろとアレンジできて便利ですよ。

作り方は次のページに！

豚肉のラグー

これはサルシッチャ（イタリアのソーセージ）
の中身でパスタを作ったようなもの。
コクがあって、味わい深くて、
食べ応えのあるひと皿です。
トレビスを入れると苦味がプラスされて
より味わい深く、コクも出ます。
焼いたキャベツや炒めたほうれん草などを
加えるのもおすすめです。

Ragù di maiale

材料（2人分）

- ●豚バラ肉‥‥‥‥‥‥‥‥ 350g
- ●トレビス（小さく切る）‥‥ 3枚
- ●ミックススパイス‥‥‥‥‥ 3g
- ●イタリアンパセリ
  （みじん切り）‥‥‥‥‥ 大さじ1
- ●塩‥‥‥‥‥‥‥‥‥‥‥ 2g
- ●砂糖‥‥‥‥‥‥‥‥‥‥ 少々
- ●赤ワイン‥‥‥‥‥‥‥‥ 40cc
- ●にんにく（スライス）‥‥‥ 1片
- ●パルミジャーノチーズ‥‥ 大さじ2

作り方

① 材料を用意したら、赤ワインにスライスしたにんにくを1時間くらい漬け込んで香りをつける。豚肉は粗みじん切りにする。

② ミックススパイス、塩、砂糖、1の赤ワイン（にんにくは取り出す）を入れる。

③ 肉に調味料がまんべんなく絡むようによく混ぜる。2〜3時間冷蔵庫で寝かせる。

④ フライパンにオリーブオイル（分量外）を引き、3を炒める。そぼろ状になってよく火が通ったらイタリアンパセリのみじん切りを入れる。

⑤ 表示通りにゆでたパスタを4に入れ、パルミジャーノチーズ、トレビスの葉を入れて和える。最後にオリーブオイルで味を調える。

ミックススパイスを手作りする場合

- ●黒・白こしょう ‥ 各15g
- ●フェンネルシード ‥ 5g
- ●クローブ ‥‥‥‥‥ 5g
- ●シナモンパウダー
  （あれば）‥‥‥‥‥ 少々

上の材料を細かく刻むか、ミルサーで細かくする。

牛肉のラグー

材料（作りやすい分量）

- ●牛ひき肉 ……………………………… 500g
- ●オリーブオイル ………………… 大さじ3
- ●にんにく（みじん切り）………… 1/2片
- ●バター ………………………………… 30g
- ●赤ワイン ……………………………… 200cc

A
- ┌ タマネギ …………………………250g
- │ にんじん …………………………100g
- │ セロリ ……………………………100g
- └ マッシュルーム（あれば）………8個
- ●ホールトマト（手でつぶす）
  ……………………………… 3〜4つまみ
- ●ローリエ ……………………………… 1枚
- ●水 …………………………………… 300cc
- ●塩 ……………………………………… 適量

作り方

1. Aの野菜をすべてみじん切りしておく。

2. フライパンにオリーブオイル（大さじ1）を引き、牛ひき肉をよく炒めてザルに上げて油分を落とす。

3. 別の鍋にオリーブオイル（大さじ2）を入れ、Aの野菜（マッシュルーム以外）を入れて炒める。塩を振って、甘みを引き出す。野菜がしんなりしてきたら、マッシュルームのみじん切りを加えて、サッと炒める。

4. 3に2のひき肉を加え、赤ワインを入れてアルコール分を飛ばす。

5. 水、ホールトマト、ローリエを加え、中火で煮込む。最後に塩で味を調整する。

鶏のラグー

材料（作りやすい分量）

- ●鶏ひき肉 ……………………………… 500g
- ●タマネギ（みじん切り）…………… 200g
- ●セロリ（みじん切り）………………… 60g
- ●マッシュルーム（みじん切り）…… 8個分
- ●チキンブイヨン（または水）
  …………………………………………… 400ml
- ●オリーブオイル …………………… 大さじ2
- ●にんにく（みじん切り）………………… 1片
- ●唐辛子（好みで）………………… 1〜2本
- ●塩 ……………………………………… 適量
- ●白髪ネギ ……………………………… 適量
- ●赤タマネギ（スライスして水にさらす）
  ……………………………………………… 適量
- ●マカロニ ……………………………… 100g

※すべて、パスタをゆでるときの塩は分量外。

作り方

1. 鍋にオリーブオイルとにんにくを入れて弱火にかけ、香りが出たらタマネギ、唐辛子を入れる。タマネギがしんなりしてきたらセロリを加え、さらにマッシュルームを加えて炒める。フタをして弱火で蒸し煮に。

2. 別のフライパンにオリーブオイル少量（分量外）を入れて鶏ひき肉を炒め、ザルに上げて油を切る。

3. 2を1の鍋に入れ、ブイヨンを加え、沸いてきたらアクを取る。20分ほど煮て、水分がほぼ飛んだら完成。

4. 表示通りにゆでたマカロニに和えて、オリーブオイルで味を調えたあとに器に盛る。赤タマネギと白髪ネギを上に飾る。

Pasta パスタのこと

パスタは300種類以上はあるといわれていて、イタリアではなんと
犬用のパスタも売られています。日本でいちばんポピュラーなのはスパゲッティですが、
さまざまな太さがあり、細めのものはフェデリーニと呼ばれることも。
それよりももっと細いものがカペッリーニです。
ショートパスタは形も大きさもいろいろですが、「このソースにはこのパスタ」
という絶対的な決まりはないので、自分のお気に入りを見つけて自由に楽しんで！

リングイネ

スパゲッティを少しつぶしたような、
楕円形の切り口をしたロングパス
タ。なんにでも合いますが、魚介
のソースに合わせることが多いです。

スパゲッティ

ロングパスタの代表。直径1.4～1.9mmと幅
があり、基本的にコクのあるソースには太め、
あっさりめのソースには細めを合わせます。

Farfalle ファルファッレ

かわいらしい、蝶の形を
したパスタ。トマトやク
リーム系のパスタに合う。
ゆでてサラダやスープに
入れたりすることも。

ペンネ

ショートパスタの中ではいちばん馴
染みの深い、ペン先の形をしたパス
タ。"ペンネ リガーテ"には細い溝
があり、ソースがよく絡みます。

Orecchiette オレキエッテ

「小さな耳」という名のついた、プーリア地
方で生まれたパスタ。くたくたに煮たブロ
ッコリーや菜の花などと相性抜群です。

Bucatini ブカティーニ

スパゲッティに空洞がある、ストローのようなロング
パスタ。シチリア発祥ですが、ローマでよく食べられ
ています。こってりとした重いソースにぴったり。

スープ

Zuppa

スープパスタ

カペッリーニかそうめんを入れて、
にゅうめんのようにスルスルッと食べられるスープパスタです。
夜遅く帰ってきたときの夜食や、体が冷えているときに
サッと作って温まることができるありがたいひと皿。
皿の周りのパルミジャーノチーズを中に入れながら食べてみてください。

材料（2人分）

● カペッリーニ（またはそうめん）…… 40g
● ブイヨン（固形ブイヨンなどで
　薄味で作っておいて！）………… 400cc
● ライムの皮（レモンの皮でもOK。
　おろし金でおろす）…………… 1/2個
● パルミジャーノチーズ ………… 大さじ2

作り方

① 鍋にブイヨンを入れて温めて、ひと煮
　立ちしたら鍋を外す。

② 別のお鍋でカペッリーニ（またはそう
　めん）をゆでる。ブイヨンの中で麺を
　煮ると色が濁るためだが、構わなけれ
　ば、ひとつの鍋でもOK。

③ **1**のスープと**2**のカペッリーニを皿に入
　れ、仕上げにリム（幅広袖）のある皿の
　リム部分に、パルミジャーノチーズや
　レモンの皮をのせて落としながら食べ
　る。リムの皿はスペシャル感が出るの
　で、ホームパーティなどで大活躍。

モロヘイヤのスープ

このスープも〝濱﨑家の夜食〟としてよく登場します。
モロヘイヤをサッとゆがいて氷水に浸してから使うと、
色鮮やかでシャキシャキ感が残り、食べ応え満点なんです。
イタリアの「コラトゥーラ」を使いましたが、白醤油や薄口醤油でも代用できます。

Zuppa di Morohaiya

材料（2人分）

- ●モロヘイヤ（葉のみ使用）……… 5〜6房
- ●コラトゥーラ（白醤油や薄口醤油でもOK）
　………………………………… 大さじ1と1/3
- ●和だし（カツオ・昆布）………… 400cc
- ●エクストラヴァージンオリーブオイル
　………………………………… 大さじ1と1/3
- ●唐辛子（半分に切る）…………… 2本
- ●塩 ……………………………… 適量
- ●砂糖 …………………………… 少々

作り方

①  鍋の中にカツオだし、または昆布だし、コラトゥーラ、唐辛子を入れ、中火にかけてひと煮立ちさせる。

②  モロヘイヤをサッと湯通しして、クタッとしたらすぐに氷水に浸す。こうすることで、アクも取れるし、鮮やかな色になる。

③  湯通ししたモロヘイヤを**1**の鍋の中に入れて、塩と砂糖で味を調える。皿に盛ったら上から好みでオリーブオイルを回しかけて。

| memo |
コラトゥーラって？

イタリアの漁師町チェターラで生産されるイタリア唯一の伝統的な〝魚醤〟。内臓を丁寧に取り除いたカタクチイワシを発酵させて作られるため、魚醤特有の臭みを最小限に抑えていて使いやすく、味にコクが出るので便利。

カブとカリフラワーの ポタージュ

優しい甘さでコクがあり、体が温まるスープ。僕はこの味が大好きです。
家では最後にオリーブオイルをかけるのですが、
おもてなしとして出すときは、紫キャベツをみじん切りにしたものや
食パンを揚げたクルトンを飾るとドレスアップしますよ（P46参照）。

材料（2人分）

- ●カブ（薄切りスライス）…………… 160g
- ●カリフラワー（薄切りスライス）
  ………………………………… 80g
- ●バター（無塩）………………… 10g
- ●エクストラヴァージンオリーブオイル
  ………………………………… 大さじ1
- ●牛乳 ………………………… 70cc
- ●生クリーム ………………… 70cc
- ●塩 …………………………… 小さじ1/2
- ●固形ブイヨン（味は薄めで）……… 少々
- ●水 …………………………… 150cc

作り方

① 鍋にバターとオリーブオイルを入れ、中火にかけてスライスしたカブとカリフラワーを炒める。塩を加えてからフタをして蒸し炒めにする。

② しんなりしてきたら、牛乳と生クリームを入れてひと煮立ちさせる。

③ 2をミキサーに入れて、スープ状にする。そこに水で溶いたブイヨンを加える。

④ 再度鍋に入れて温める。

⑤ 皿に盛り、最後にオリーブオイル（分量外）を回しかければ完成。

Point

カブとカリフラワーをできるだけ薄切りにしておいたり、炒めている間に塩を加えると、旨みがグンと増します。

炒めているうちにしんなりしてきたら、牛乳と生クリームを加えて混ぜ、ひと煮立ちさせれば濃厚でクリーミーなスープに。

ミネストローネスープの
ブルスケッタのせ

冷蔵庫にある野菜を全部炒めて20〜30分煮込めばできるミネストローネ。
最後にバケットなどのパンを浮かべたら、お腹もちもバッチリです。
ビタミンや食物繊維など栄養を凝縮したスープは、冬の朝ごはんに登場頻度の高いひと皿です。

Minestrone con Bruschetta

材料（2人分）

- ●ベーコン（あればパンチェッタ・さいの目切り）……………………………35g
- ●タマネギ（みじん切り）……1/2個（100g）
- ●にんじん（みじん切り）……………70g
- ●セロリ（みじん切り）………………70g
- ●キャベツ（千切り）…………………70g
- ●かぼちゃ（さいの目切り）…………70g
- ●じゃがいも（さいの目切り）………70g
- ●さつまいも（さいの目切り）………70g
- ●ほうれん草（小さくざく切り）……70g
- ●プチトマト（乱切り）………………8個
- ●ブイヨン（固形ブイヨンを水に溶いたもの）………………………………800cc
- ●エクストラヴァージンオリーブオイル……………………………………大さじ3
- ●塩・こしょう………………………適量

上にのせるパン

- ●細めバケット……………6〜8スライス
- ●パセリ（葉の部分）…………………3房
- ●エクストラヴァージンオリーブオイル……………………………………大さじ2

作り方

① 鍋にオリーブオイルを入れて中火でベーコンを炒める。タマネギを加えてから塩を3〜4つまみと、こしょう少々入れて炒める。

② タマネギがしんなりしてきたら、ほかの具材も全て入れて炒めて、早めにフタをして蒸し煮にする。

③ 野菜がしんなりしてきたら、ブイヨンを入れて煮込む。

④ 好みの水分量で調節しながら野菜をくたっと煮込めたら、皿に盛る。

⑤ 細めのバゲットやサンドイッチ用のパンを食べやすい大きさに切り、エクストラヴァージンオリーブオイルとパセリのみじん切りをのせる。トースターで焼き目をつけてスープの上に飾れば完成。市販のガーリックバターチューブを塗ったガーリックパンを合わせても美味です。

溶き卵スープ

溶き卵の優しい味と、
プチトマトの酸味、
パルミジャーノチーズのコクが
絶妙な組み合わせの
"イタリア版"溶き卵スープ。
家族全員がおかわり必至の
人気メニューです。
ポイントは、ブイヨンを必ず
薄味で作ることです。

Stracciatella

材料（2人分）

●卵 ………………………………… 1個
●プチトマト（1/4に切る）……………… 6個
●固形ブイヨン ……………………………少々
●水 …………………………………… 400cc
●パルミジャーノチーズ ……………………20g
●エクストラヴァージンオリーブオイル…… 適量

作り方

①
鍋に水とブイヨンとトマトを入れて火にかけ、軽く煮る。器に卵とパルミジャーノチーズを合わせてよく混ぜておく。

②
1の火にかけた鍋に卵とチーズを2〜3回に分けて入れる。皿に盛り、エクストラヴァージンオリーブオイルをかける。

メイン料理

Secondo
Piatto

Pane grattugiato

パン粉があれば料理は無限！

カリカリパン粉

食感の変化をつけるために料理にトッピング。

細目パン粉

素材を選ばず、なんにでも使えます♪

材料と作り方

① フッ素樹脂加工のフライパンにオリーブオイル（大さじ１）を入れて弱火にかける。
② パン粉（大さじ５）を入れ、よく混ぜながら炒る。
③ 根気よく煎り、パン粉が全体的に小麦色になったら完成。

材料と作り方

パン粉をフードプロセッサーで細かく砕く。揚げ物に使うと、普通のパン粉よりもカラッと軽めに仕上がる。

「パン粉は主に揚げ物に使うもの」と決めつけていませんか？
イタリアでは料理のトッピングにしたり、チーズ代わりにパスタにかけたり、
お肉や魚のグリルに使ったりと大活躍！
ここでは我が家でよく登場する、4種類のパン粉をご紹介します。

香草パン粉

魚介や豚肉と相性抜群です。

材料と作り方

細目パン粉(大さじ5)、イタリアンパセリ6本、タイム3〜4本、ローズマリー1本、にんにく1片を全てみじん切りにして混ぜ、さらにオリーブオイル(大さじ2)を入れて手で揉みながらよく混ぜる。

チーズパン粉

カツレツには絶対これ！

材料と作り方

細目パン粉2に対して粉チーズ1の割合で混ぜる。カツレツの定番で、イタリアのスーパーではこの状態で売られています。

カリカリパン粉を
使って

鶏むね肉の
ロースト菜園風

我が家では鶏肉料理が本当に多いです。特にこのカリカリにローストした鶏むね肉に、
キュウリやセロリなどの菜園風ソースをたっぷりのせたメインディッシュは登場頻度が高いですね。
オリーブオイルにニンニクを入れて香りづけをすると食欲をそそりますよ。

材料（2人分）

- ●鶏むね肉（半分にカット）……………… 1枚（250g）
- ●小麦粉 ………………………………………… 適量
- ●塩・こしょう ………………………………… 適量
- ●オリーブオイル ……………………………… 大さじ2
- ●ニンニク（つぶしたもの。
  または、P38のガーリックオイルでもOK）……… 2片

菜園風ソース
- ●トマト（さいの目切り）…………… 大きめ1個（120g）
- ●セロリ（筋をとってからさいの目切り）
  ……………………………… 小さめ1本（40g）
- ●キュウリ（芯を取り除いてさいの目切り）… 1本（70g）
- ●オリーブの実（マリネしたもの） ……… 6〜8個
- ●白ワインビネガー ……………………… 大さじ1/2
- ●エクストラヴァージンオリーブオイル ………… 大さじ1
- ●カリカリパン粉（P88参照）……………… 大さじ2
- ●塩 …………………………………………… 適量

作り方

① 鶏肉は塩・こしょうで下味をつけて、小麦粉をまぶす。

② フライパンにオリーブオイルとニンニクを入れて中火で温め、鶏むね肉を皮面を下にしてカリカリに焼く。

③ 皿に盛り、菜園風ソース（作り方は右のメモを参照）とカリカリパン粉をかける。

| memo |

野菜たっぷり♡　菜園風ソースの作り方

① トマトを4等分くらいにスライスし、ペティナイフで種子を軽く取り除いてからさいの目切りに。このひと手間で水分が出なくなります。プチトマトでもOK！

② キュウリも水分を出さないために、縦に4等分してから芯の部分の種子を取り除きます。セロリと共にさいの目切りに。ボウルの中にキュウリやセロリ、トマトのほか、オリーブオイル、ビネガー、塩を入れて和えます。

③ オリーブの実もそのまま入れてよく混ぜます。焼いた鶏肉の上にかけて、仕上げにカリカリパン粉を振りかければ完成です。

マッシュルームの
フリット

ころんとした形がなんとも愛らしくて、思わず笑顔があふれるひと皿。
作り方はシンプル。そして上手に仕上げるコツは、ちょっとひと手間ですが
よく混ぜた溶き卵を、一度ザルなどでこしてサラサラにすること。
マッシュルームは生でも食べられるので、強火でサッと揚げればOK。
僕は歯応えがあるほうがいいと思っています。

材料（2人分）

- マッシュルーム ………………… 8個
- 卵 ……………………………… 1個
- 小麦粉 ……………………… 大さじ2
- 細目パン粉（P88参照）
  …………………… 大さじ5〜6
- 揚げ油（オリーブオイル）……… 適量
- 塩・こしょう ………………… 適量
- レモンスライス ………………… 8枚

作り方

①  マッシュルームは石づき
を取り、小麦粉をまんべ
んなくまぶす。小麦粉は
茶こしなどでこしておく
となめらかに仕上がる。

②  よく溶いて一度こした卵
に**1**のマッシュルームを
まぶす。

③  手の中でコロコロ転がし
ながら、まんべんなくパ
ン粉をつける。**2**と**3**の
工程をもう一度繰り返す。

④  この状態になったら、強
火でサッと揚げる。味つ
けは塩・こしょうで。レ
モンスライスを皿に敷き、
盛りつけて。

ホタテのオーブン焼き

トマトをお皿に見立て、上には香草パン粉をまとった
味も見た目も自慢のホタテのオーブン焼き。
今回は冷凍ホタテを使っていますが、イカやエビもおすすめです。
ひと口でパクッと食べて、ホタテの甘み・トマトの酸味・
パン粉の香ばしさの融合を楽しんでください。

材料（2人分）

- ●冷凍ホタテ ………………… 大きめ4個
- ●トマト（1cm幅にスライス） ……… 中1個
- ●塩・こしょう ………………… 適量
- ●香草パン粉（P89参照）………大さじ4
- ●オリーブオイル………………大さじ2

作り方

① ホタテに塩・こしょうを振ってから香草パン粉（ホタテ1個につき大さじ1）を上に盛る。オリーブオイル（ホタテ1個につき大さじ1/2）を上からかける。

② 240℃のオーブンでパン粉に焼き目がつくくらいまで焼く。

③ トマトを1cm幅で横にスライスし、皿に盛る。塩・こしょう・オリーブオイル（分量外）をかけてからホタテをのせれば完成。

Point

バットの上で、ホタテに塩・こしょうを振ってから、P89で紹介した香草パン粉を均等に盛ります。

上からオリーブオイルをたっぷり回しかけてからオーブンへ。

チーズパン粉を
使って

ricette di
secondo piatto

豚ロースのカツレツ

イタリアでは仔牛のカツレツがポピュラーですが、家で作るときは
手軽に豚ロースで作ります。ポイントは、お肉を薄く薄くのばすこと。
サクッ、カリッとした歯応えもいいし、全然重たくないんです。
焼き油の中にローズマリーやセージを入れると風味もアップ。
ルッコラやトレビスなど、レモンと一緒に野菜を添えていただきます。

Cotoletta

材料（2人分）

- ●豚ロース ……………………2枚（50g×2）
- ●チーズパン粉（P89参照）
  （パン粉80g＋パルミジャーノ40g）
  ………………………………………120g
- ●卵 …………………………………1個
- ●オリーブオイル ………………… 適量
- ●バター …………………………… 10g
- ●塩・こしょう ………………………適量
- ●好みのハーブ ………………………適量

作り方

①  豚ロースは1/2にカットし、包丁の背を使ってトントンとたたくようにのばす。薄くなった肉に、一度チーズパン粉をつけてなじませる。

②  よく混ぜて、ザルでこした溶き卵に豚肉をくぐらす。

③  **2**の豚肉をチーズパン粉につける。このときもパン粉をつけすぎないように。

④  **2**と**3**の工程をもう一度繰り返す。最後は、箸などを使って余分なパン粉をしっかり払う。

⑤ フライパンにオリーブオイルを引き、**4**の表面を焼く。

⑥ 焼き色がついたら裏返し、バターや好みのハーブを入れて肉に香りをつける。

⑦ 皿に盛りつける前に塩・こしょうを振っておく。

牛肉のタリアータ

フィレンツェなどトスカーナ地方の郷土料理である「タリアータ」。
「薄く切った」が語源ですが、わが家は厚めにスライス。
塩とこしょうでシンプルに味つけをし、バルサミコ酢をかけるとグンと美味しくなります。
季節の野菜を添えてモリモリ食べてください。

材料（2人分）

- 牛肉（赤身、ロース、ももなどなんでも。
  厚めのブロック）…………………… 200g
- 塩・こしょう …………………………… 適量
- オリーブオイル …………… 大さじ1

サラダ
- ルッコラ …………………… 大きめ5〜6枚
- トレビス ……………………………… 1/8個
- パルミジャーノチーズ …………………20g
- オリーブオイル ………………………適量
- バルサミコ ……………………………大さじ1

作り方

1. 牛肉に塩・こしょうを振って、オリーブオイルを引いたフライパンで中火でカリッと焼く。

2. 少し休ませて（10分程度）、好みの厚さに切る。

3. サラダは、ルッコラやトレビスをクルクルと丸めてザクザク切り、オリーブオイルとバルサミコ、パルミジャーノチーズ（より食べやすくなるため）を振りかける。

4. 肉を皿に盛り、サラダを添えてバルサミコ（分量外）をかければ完成。

| memo |

バルサミコがあれば
華やかなひと皿に

煮詰めたぶどう果汁を木樽で長期熟成させて作られるバルサミコ酢。甘酸っぱくて濃厚な味が特徴です。オリーブオイルと合わせてサラダにかけたり、肉や魚のソースとして使うと味わい深くなるので、ぜひご活用ください。

サルティンボッカ

イタリア語に直訳すると「口に飛び込む」。簡単に、素早くできて、美味しい…
そんな、ありがたい（！）料理であり、コース料理の代表ともいわれています。
イタリアではだいたい仔牛が使われますが、
豚ロースの薄切りとセージがあればかなり本場に近い味が再現できます。
生ハムは通常1枚1枚がくっつかないようにセロファンなどを挟んで売られていますよね。
そのセロファンを取らずに豚肉に重ねるとうまくできますよ。

材料（2人分）

- ●生ハム …………………………… 4枚
- ●豚ロース薄切り …… 4枚（60g×4）
- ●セージ ………………………… 4枚
- ●小麦粉 ………………………… 少々
- ●オリーブオイル …………… 大さじ1
- ●白ワイン ………………… 大さじ3
- ●塩・こしょう ………………… 適量

ソース

	ブイヨンまたは水 ………… 15cc
A	ハチミツ …………………… 4g
	バター ……………………… 15g
	レモン汁 ………………… 1/6個

作り方

①  豚肉の真ん中にセージの葉を1枚置き、生ハムをセロファンがついたまま重ねる。

②  裏返して、真ん中を楊枝で刺して生ハムと豚肉をくっつける。

③  セロファンを外して、肉側にこしょうを振り、軽く小麦粉をまぶす。

④ フライパンにオリーブオイルを入れて熱し、生ハム側から焼く。裏返し、豚肉に火が通ったら、白ワインを加え、肉を取り出す。

⑤ 4の鍋にAを加え、ソースを仕上げる。

ソースがあれば無敵

Salsa

野菜の旨みを凝縮させたソースは、
素材そのものの味を引き立てつつ、彩りに花を添えてくれます。
ここでは我が家で欠かせない3つのソースをご紹介します。

Pomodoro fresco
フレッシュトマトのソース

バジリコで風味を効かせる以外、トマトしか使っていないフレッシュソース。
ほどよい酸味が肉、魚、パスタなどさまざまな料理で活躍します。

材料（2人分）

● トマト（中くらいの大きさ）
‥‥‥‥‥‥‥‥ 90g程度×4個
● バジリコ（香りづけに葉を使用）
‥‥‥‥‥‥‥‥‥‥‥‥ 3枚

作り方

1

トマトは1個90g程度のものを4個用意。ざく切りにしておく。

2

ジューサーにかけてピューレにしたものをザルでこす。

3

鍋に移し、バジリコを入れて中火で煮る。ひと煮立ちさせたら冷まして、容器に移し替える。

Salsa verde
グリーンソース

ゆでた肉や青魚などによく合うグリーンソース。
我が家のレシピは、ハチミツを入れるのでやや甘めです。
1週間程度保存が利くので、作り置きして
さまざまな料理にご活用ください。

材料（2人分）

- ●バジルの葉‥‥‥‥‥‥‥‥‥‥‥‥‥‥‥‥ 8g
- ●パセリ ‥‥‥‥‥‥‥‥‥‥‥‥‥‥‥‥‥ 8g
- ●松の実 ‥‥‥‥‥‥‥‥‥‥‥‥‥‥‥‥‥ 8g
- ●ケッパー ‥‥‥‥‥‥‥‥‥‥‥‥‥‥‥‥ 8g
- ●白バルサミコ酢 ‥‥‥‥‥‥‥‥‥‥‥ 20cc
- ●ハチミツ ‥‥‥‥‥‥‥‥‥‥‥‥‥‥‥ 20g
- ●エクストラヴァージンオリーブオイル ‥‥‥‥ 35cc

作り方

① ミキサーに全ての材料を入れる。

② バジリコなどの葉や松の実の粒を感じさせないところまでなめらかになったら器に移し替える。

Mantovana
マントヴァソース

ロンバルディア州マントヴァ地方の伝統料理である、
川魚の料理に添えるソース。
私は肉にも魚にも使います。ケッパーやアンチョビの
風味が料理に深みを与えます。

材料（2人分）

- ●にんにく（縦半分に切る）‥‥‥‥‥‥‥‥ 1片
- ●アンチョビフィレ（みじん切り）‥‥‥ 2本（4〜5g）
- ●ケッパー（みじん切り）‥‥‥‥‥‥‥‥ 大さじ1
- ●パセリ（みじん切り）‥‥‥‥‥‥‥‥ 大さじ1と1/2
- ●エクストラヴァージンオリーブオイル
  ‥‥‥‥‥‥‥‥‥‥‥‥‥‥‥‥‥ 大さじ1と1/2
- ●レモン汁 ‥‥‥‥‥‥‥‥‥‥‥‥ 大さじ1/3〜1/4

作り方

① フライパンにオリーブオイルとにんにくを入れて火にかけ、ケッパーとアンチョビを入れて弱火で炒めて香りを移す。

② パセリを加えて、そのまま弱火でじっくり香りを出していく。焦がさないように気をつけて。

③ 全体的にしんなりしたら火を止めて、レモン汁をかける。器に移して、冷蔵庫で保存すれば5日間は持つ。

蒸し魚とトスカーナ風トマトソース

フィレンツェの名物料理。「パッパ アル ポモドーロ」とは〝トマト粥〟の意味。
僕はよく、お米の代わりに食パンをトマトソースに浸して煮ます。
トマトのほんのりとした甘さのソースにパンが溶け込んで優しい味に。
蒸した白身魚でも、肉でもソーセージでも合いますよ。

Pesce con pappa al pomodoro

材料（2人分）

- ●白身魚（ハタを使用。ヒラメやタイでもOK）
  ……………………… 2切（120〜140g）
- ●ディル ……………………… 2〜3本
- ●イタリアンパセリ ……………………… 3本
- ●白ワイン ……………………… 30cc

トマトソース
- ●食パン（1/6切り）……………… 1枚（40g）
- ●フレッシュトマトソース（P102参照）
  ……………………… 120cc
- ●バジルの葉……………………… 大3〜4枚
- ●塩・こしょう ……………………… 適量

作り方

① 食パンの耳を落とし、中身を1cmくらいのさいの目に切る。

② P.102の作り方を参考にトマトソースを作る。そこに食パンを加えてスプーンでつぶしながらドロドロにする。

③ 白身魚はバットにのせ、白ワインと水（分量外）を加えて1mm程度浸す。イタリアンパセリやディルをのせて200℃のオーブンで7〜8分蒸し焼きに。**2**の上にのせてバジルを飾る。

豚の香草パン粉焼き

お肉のグリルでもしようか…となると、我が家ではだいたい豚ロースです。
ハーブの香りとパン粉のサクサク感が、食欲を刺激してくれます！
今回はマントヴァソースを添えましたが、
グリーンソース（どちらもP103参照）でも美味しい。
その日の気分でソースを変えるのも、家庭料理ならではの楽しみですよね。

材料（2人分）

- ●豚ロース ………………………… 150g×2枚
- ●オリーブオイル ………………… 大さじ1
- ●香草パン粉（P89参照）……… 大さじ4
- ●キャベツ ………………………… 1/2個
- ●塩・こしょう ………………………… 適量

作り方

① 豚ロースの両面に格子状に軽めに切れ目を入れ、塩・こしょうをする。

② 香草パン粉を豚ロースの片面のみ大さじ2ずつなじませる。

③ オリーブオイルを熱したフライパンで、パン粉をつけた側を最初に焼く。こんがり焼き色がついたら、裏返して中まで火を通す。

④ 1/8くらいに切ったキャベツをフライパンで素焼きにし、でき上がって皿にのせた豚ロースに添える。マントヴァソースをつけて食べてもいいし、グリーンソースをかけても美味しい。また、塩とオリーブオイル（分量外）だけで味つけするのもおすすめ。

Point

香草パン粉を豚ロースの表面を覆うようにしてまんべんなくのせる。

手でぎゅっと押さえつけるようにして豚肉と一体化させる。

焼き魚の グリーンソース

グリーンソースがあれば、魚はもっと食べやすく、美味しくなります。
今回はカマスですが、アジ、サバ、サンマなどもよく合います。
タイムをのせてフライパンで焼き、グリーンソースをかけただけ。
時短でできる魚料理をぜひ、レパートリーに加えてください。

材料（2人分）

- カマス …………………………… 2切
- タイム …………………………… 3〜4枝
- 塩・こしょう …………………… 適量
- エクストラヴァージンオリーブオイル
………………………………… 大さじ2
- グリーンソース（P.103参照）
………………………………… 大さじ3

作り方

① バットに魚を置き、塩を振って少しそのままにして水分を出す。

② 魚はキッチンペーパーで軽く水分を拭き取り、こしょうを振る。その後フライパンにオリーブオイルを引いて皮面から焼く。ひっくり返したらタイムを入れ、オイルに浸しながら焼く。

③ 皿に盛り、グリーンソースをかけ、タイムも添えて完成。

ワインのおつ

Stumimi

簡単
チーズフォンデュ

使ったのは
このチーズ

材料（2人分）

●ゴルゴンゾーラドルチェ（マイルド系）………… 30g
●タレッジョチーズ（ウオッシュタイプのチーズ。
　カマンベールチーズでもOK）………………… 30g
●パルミジャーノチーズ ……………………… 30g
●生クリーム ………………………………… 120cc
●黒こしょう …………………………………… 適量
●エクストラヴァージンオリーブオイル ……… 大さじ2
●バゲット（ひと口大にカット）………………… 1/2本

作り方

① 鍋に生クリームとチーズを全て入れ、中
　火にかけて煮立ってきたら弱火にする。

② 完全にチーズが溶け込んだら火を止め、
　素早く器に入れる。仕上げに黒こしょう
　とオリーブオイルをかける。

③ バゲットをひと口大に切ったら、トース
　ターで焼き色をつけて、別の皿に盛る。

④ バゲットのほか、野菜をひと口大にカッ
　トしてディップしていただいても！

まみ♪

家族全員、あまりお酒は強くないのですが、
お酒のおつまみは皆、大好き。
ここからは我が家で登場回数の多いおつまみをご紹介します。
チーズフォンデュは好きなチーズを数種、生クリームと火にかけるだけ。
里芋のおやきは、ゆでてくずして、丸めて焼くだけと簡単。
ぜひ、ご家族でゆっくり飲みながら楽しんでください。

里芋のおやき

材料（2人分）

- ●里芋 ……………………… 300g
- ●パルミジャーノチーズ……… 25g
- ●オリーブオイル…………… 大さじ2
- ●塩・砂糖 ……………………… 適量
- ●小麦粉 ……………………… 少々

作り方

① 里芋の皮をむき、沸騰した湯に塩と砂糖を入れて10〜15分ゆでる。ザルで水気を切ってからマッシャーで粗めにつぶす。

② パルミジャーノチーズを入れて混ぜる。

③ 片手に収まるほどの量を取り、丸めて小さめな俵形に成形する。

④ 小麦粉を全体に薄くつけて、オリーブオイルを引いたフライパン（中火）で焦げ目がつくまで両面焼く。

ドライトマト＆オリーブ

材料（２人前）と作り方

オリーブのマリネ（P36参照）とドライトマト（P37参照）を混ぜて使用。オリーブの実は種抜きを選び、ナイフで縦半分に切っておきます。パンにオリーブオイルを塗ってトースターで焼き、その上にたっぷりのせて召し上がれ。

いろいろ
ブルスケッタ
Brus

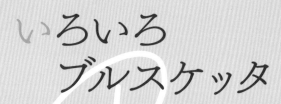

パルミジャーノ＆オイル

材料（２人前）と作り方

パルミジャーノ（30g）とエクストラヴァージンオリーブオイル（30cc）、黒こしょう（１つまみか２つまみ）をボウルの中で混ぜて、トーストしたパンに塗ります。まろやかな舌触りと香ばしさが引き立つおつまみのでき上がり。

ブルスケッタ

トマト&バジル

材料（2人前）と作り方

トマト(小さめ・1/2個)をざく切りにしてエクストラヴァージンオリーブオイル(大さじ1)と塩・こしょう(少々)で和え、トースターで焼いたバゲットの上にオン。バジルの葉(1～2枚)を飾り、オリーブオイルを回しかければ完成。

Bruschettaとは、Bruscare(動詞)の"炙る"が語源。
パンを薄くスライスして焼き、オリーブオイルやにんにくを塗って
好きなものをのせて食べるもの。もともとは、
古くなったパンを美味しく食べるための工夫から生まれました。
好きなものをのせて楽しんでください。

青菜&にんにく

材料（2人前）と作り方

今回はケール(4本)を使用。黒キャベツやほうれん草でもOK。にんにく(1片)を薄くスライスし、フライパンにエクストラヴァージンオリーブオイル(大さじ2)でキツネ色に焼き、ケールも炒めます。お好みで塩・こしょうを振って。

イタリアンちぢみ

ヤマイモをおろして生地にし、レンコンのシャキシャキ感を
楽しみながらいただくイタリアンちぢみ。うちの妻の十八番です。
葉ものをルッコラにすることでイタリアン感を出しましたが、
ニラでもパセリでも自由に入れてください。
ソースではなく、塩味が食べやすくておすすめです。

材料（2人分）

- ●ヤマイモ（すりおろす）………………………… 200g
- ●レンコン（ざく切りにしてサッとゆでる）……… 120g
- ●カツオだし……………………………………………50cc
- ●卵 …………………………………………………… 1個
- ●ルッコラ（ざく切り）……………………… 10〜14本
- ●薄力粉 …………………………………………… 25g
- ●エクストラヴァージンオリーブオイル ……… 大さじ3
- ●パルミジャーノチーズ、青のり …………… 好みで

作り方

① すりおろしたヤマイモと卵と薄力粉をボウルの中で混ぜ、そこにゆでたレンコンを入れる。

② 1のボウルにカツオだしとルッコラも加えて軽く混ぜておく。

③ 中火で熱したフライパンにたっぷりのオリーブオイルを入れ、生地がパリパリになるまで揚げ焼きにする。細長く切って皿に盛り、粗塩や好みでパルミジャーノチーズ、青のりをのせて楽しんで。

細長く切ると
おしゃれ感が
アップ！

セロリのサラダ

オリーブのマリネ（P.36）やドライトマト（P.37）を使って
簡単にできるサラダをご紹介。
味つけはオリーブとトマトで完成しているので、
あとはセロリやパセリなどを混ぜるだけ。
ポイントは葉を手でちぎること。ハーブの強さがマイルドになります。

材料（2人分）

● 3種のオリーブのマリネ（P.36参照）…… 各4〜5個
● ドライトマト（P.37参照）……………………… 8個
● セロリ（葉も使用）………………………………… 1本
● イタリアンパセリ ………………………………… 2本

作り方

① ボウルの中でオリーブとドライトマトを混ぜる。
② セロリの葉とイタリアンパセリを手でちぎる。
③ セロリ（葉以外）は、先に筋をとってまな板の上で
　　手でつぶし、それを薄切りスライスに。こうする
　　と味がなじみやすくなる。
④ 1のボウルに2と3を加えてよく和える。皿に盛れ
　　ば、おしゃれなひと皿に。

| memo |

P.36＆37のオリーブマリネと
ドライトマトを活用しましょう

デザート

Dolce

ヘーゼルナッツと
リコッタチーズのタルト

たっぷりのヘーゼルナッツとリコッタチーズの濃厚なタルト。
これに生クリームを砂糖ゼロでホイップした "シャンティクリーム" をかけると、
甘さが中和されて食べやすくなります。食後の締めに、
コーヒーや紅茶によく合う、私の大好物のドルチェです。

材料（4〜6人前）

- ●ヘーゼルナッツ ················ 150g
- ●リコッタチーズ ················ 150g
- ●卵（黄身と白身に分けて使用）······ 3個
- ●無塩バター ··················· 150g
- ●グラニュー糖 ········150g (120g+30g)
- ●薄力粉 ······················· 30g

シャンティクリーム
- ●生クリーム ··················· 100cc

作り方

1. 皮むきタイプのヘーゼルナッツをオーブン150℃で10分程度空焼きしてからフードプロセッサーで細かく砕いておく。

2. ボウルに室温で柔らかくしておいたバターとグラニュー糖120gを入れて、泡立て器でクリーム状になるまでよく混ぜる。

3. **2**に卵黄を加えてよく混ぜ合わせる。

4. ナッツ、リコッタチーズ、ふるいにかけておいた薄力粉を**3**に加えてゴムベラで混ぜる。

5. 別のボウルで、卵白とグラニュー糖30gを角が立つまでよく泡立てる。

6. **4**と**5**を合わせてさっくりと混ぜて、型（18cm）に入れる。

7. オーブンを170〜180℃に温め約40分焼く。※オーブンによって温度差があるので要注意!!

8. 生クリームを泡立て器でふんわりと泡立て、切り分けたタルトにたっぷりとのせて。

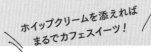
ホイップクリームを添えればまるでカフェスイーツ！

ソースをかけすぎず、
フルーツの彩りを見せて

Uva

Berry

フルーツの
コンポート

赤ワインと砂糖を煮た鍋に、紅茶の葉を入れて
風味をつけたソースと、好きなフルーツを加えたコンポート。
冷凍フルーツなら皮をむく必要もなく、そのまま器に入れるだけ、と簡単！
レモンの酸味でちょうどいい甘さとなって、
お腹がいっぱいでも別腹でいただけてしまいます。
アルコールは飛んでしまうので、ランチでも安心して食べられます。

材料（2人分）

- 赤ワイン ………… 1本（750ml）
- 砂糖 ……………………… 150g
- レモン汁 ……………………1個分
- 紅茶の茶葉 ……………… 大さじ2
- ベリー
  （ラズベリー、ブルーベリーなど）
  …………………………… 各16個
- シャインマスカット、巨峰など
  …………………………… 各6個
- ミントの葉 ……………… 3〜4枚

作り方

① 鍋に赤ワインと砂糖を入れて中火にかけ、約10分間沸騰させ、アルコール分を完全に飛ばす。

② 沸騰したら火を止めて、紅茶の葉をよく混ぜ合わせ、4分間待つ。その後ザルでこす。最後にレモン汁を入れると、爽やかな風味に。

③ 器にフルーツを盛り、**2**をかけて冷蔵庫へ。冷えたら取り出し、ミントの葉を添えて完成。

Point

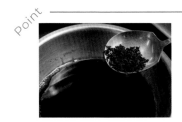

紅茶はお好みのものを。おすすめはアールグレイやベリー系のフレーバー。香りが立ち、美味しさが際立ちます。

Pannacotta al profumo di caffè

ricette di dolce

コーヒー風味のパンナコッタ
エクストラヴァージンオリーブオイルと共に

皆大好きパンナコッタ。白いですが、コーヒー豆の味と香りがします。さらに僕のアイディアなのですが、
エクストラヴァージンオリーブオイルをかけています。これがすごく合うんです。
甘いスイーツが苦手な人も好きなはず。季節のフルーツを飾るのもおすすめです。

材料（2人分）

- 生クリーム ……………………… 200cc
- 牛乳 ……………………………… 200cc
- コーヒー豆 ……………………… 30g
- グラニュー糖 …………………… 60g
- 新田ゼラチンシルバー（粉ゼラチンでもOK）
  ……………………………… 2枚（6.6g）
- ホワイトラム …………………… 7cc
- エクストラヴァージンオリーブオイル ……… 適量

作り方

1. ボウルに牛乳、生クリーム、コーヒー豆を合わせて約6時間置いておく。
2. 1を鍋にこし、グラニュー糖とホワイトラムを加えて中火にかけてひと煮立ちさせる。
3. 2にふやかしたゼラチンを加える。
4. 3をこして器に流し込む。冷蔵庫で固まったら、上にオリーブオイルをかけて。

テゴラ

テゴラはイタリア語で「瓦」の意味。黒糖と薄力粉で生地を作り、
オーブンで焼いたら熱いうちに麺棒に巻きつけてカーブをつけるのがポイントです。
黒糖の優しい甘さとサクサクの食感は、アイスクリームと一緒に食べると最高ですよ。

材料（2人分）

- ●バター ……………………25g
- ●黒糖 ……………………… 25g
- ●グラニュー糖 ……………… 25g
- ●薄力粉 …………………… 20g
- ●水 ………………………… 25cc

作り方

① 温めた鍋にバターとグラニュー糖、黒糖を加え、ふるいにかけた薄力粉を入れて混ぜる（ドロドロ状態に）。そこに水を加えて火を消し、約1時間寝かせる。

② 1をクッキングシートにスプーンで円形にのばし、200℃に予熱したオーブンで10分焼く。焼き上がったらすぐに、アルミホイルで巻いた（くっつかないように）麺棒に巻きつける。

ズッパイングレーゼ

そのまま訳すと"イギリス風スープ"。ボローニャでよく食べられるドルチェです。
通常、赤いリキュールやラム酒を染み込ませることが多いのですが、家族皆で食べられるように、
オレンジジュースで作りました。好きなフルーツをたっぷり入れて楽しんでください。

Zuppa Inglese

材料（2人分）

- ●スポンジ（市販の冷凍ものでOK）…… 1個
- **カスタードクリーム**
- ●薄力粉 ……………………………… 15g
- ●卵黄 …………………………………… 2個
- ●グラニュー糖………………………… 45g
- ●バニラエッセンス ………… 2〜3滴
- ●牛乳 …………………………………180cc
- ●生クリーム …………………………150cc
- **シロップ**
- ●オレンジジュース ………………… 200cc
- ●砂糖（オレンジジュースの
  種類によるので好みで）………… 適量
- **飾るフルーツ**
- ●イチゴ（縦に1/4に切る）…………12個
- ●キウイ（厚さ5mm程度の半月形に切る）
  …………………………………………… 2個
- ●オレンジ（みかんでもOK。皮をむいて
  食べやすくカット）…………………… 2個
- ●ミントの葉（好みで）………… 10枚程度

作り方

① 冷凍スポンジを冷蔵庫で2〜3時間置いて戻す。それを7mmくらいの厚さに3等分に切って、シロップをヒタヒタに塗っておく。カスタードクリームは、ボウルに卵黄、グラニュー糖、バニラエッセンスを入れ、薄力粉と牛乳をゆっくり混ぜて作る。

② 1で混ぜたカスタードクリームの種を鍋に入れて、中火→弱火にし、しっかりとろみがついたら火から外して冷ます。仕上げに5分立てした生クリームを数回に分けて混ぜる。それをスポンジに重ねていく。

③ 「スポンジ→オレンジシロップ→カスタードクリーム→フルーツ」を1セットとして、3セット重ねる。フルーツを彩りよく飾ることを意識して。

④ いちばん上がフルーツになるように重ねる。最後にミントの葉を散らせば完成。冷蔵庫で1〜2時間程度冷やすとさらに美味しくいただける。

今回紹介したレシピは、
僕が今まで携わったレシピの中では
すごくシンプルに仕上げています。
今日、何を作ろうかな？ ではなくて
何もないからイタリアンにしちゃおうか
みたいな思いで作っていただければと思っています。
料理は、家族や友達など大切な人と食べれば
それだけで楽しい気持ちになれますよね。
この本が少しでも幸せな時間を過ごせる
お手伝いができれば、僕も幸せに思います。

濱崎龍一

濱﨑 龍一

1963年、鹿児島県生まれ。日本調理師専門学校(大阪)卒業後、イタリア料理の道へ。東京のイタリア料理店で修業したのち、渡伊。ロンバルディア州マントヴァにある『ダル・ペスカトーレ』などで修業を積む。帰国後'89年3月、乃木坂にある『リストランテ山崎』に入り、'93年2月よりシェフに就任。8年間同店のシェフを務めた後、2001年12月南青山に『リストランテ濱﨑』をオープン。現在、イタリア料理協会副会長に加えて、鹿児島食の匠、薩摩大使、鹿児島県いちき串木野観光大使などを歴任している。

リストランテ濱﨑

素材の美味しさを極限まで生かし、独自のエッセンスを加えた、美しく繊細なイタリアンを味わえる名店。外苑前の隠れ家レストランから、現在は原宿・東郷記念館の2階に移転。大きな窓からの絶景と共に、濱﨑龍一シェフのもと、総勢12人のスタッフが訪れた人を至福の世界へと導いてくれる。

DATA

東京都渋谷区神宮前1-5-3 東郷記念館2F
☎03・5772・8520
🕐12:00 〜 15:30(L.O.13:30／木・金・土・日)、18:00 〜 23:00(L.O.20:00／火・水・木・金・土)
㊡日曜夜・月曜

誰でも美味しく
濵﨑シェフのおうちイタリアン

2023年12月13日　初版第1刷発行

著者　　濵﨑龍一
発行人　石月賢一
発行所　株式会社　小学館
　　　　〒101-8001　東京都千代田区一ツ橋2-3-1
電話　　03-3230-5864（編集）
　　　　03-5281-3555（販売）
印刷所　共同印刷株式会社
製本所　株式会社若林製本工場
制作　　浦城朋子、木戸 礼
宣伝　　鈴木里彩
販売　　三橋亮二

協力

株式会社キャメル珈琲（カルディコーヒーファーム）
TEL：0120-415-023
三田友梨佳さん帯カバー・衣装協力／ ykF
TEL：03-3403-6758

Staff List

撮影　　　　天方晴子（静物）
　　　　　　玉置順子（t.cube/人物）
スタイリスト　後藤仁子（三田友梨佳さん衣装分）、Marisa（静物）
デザイン　　荒川裕子
撮影協力　　黒木由梨（PRIMADONNA）
構成・文　　猪原美奈、小内衣子（PRIMADONNA）
編集　　　　猪原美奈、柏熊菜菜子（小学館）

造本には十分注意しておりますが、印刷、製本の不備がございましたら
[制作局コールセンター]（フリーダイヤル0120-336-340）にご連絡ください。
（電話受付は、土・日・祝休日を除く9:30〜17:30）

※本書の無断での複写（コピー）、上映、放送の二次使用、
　翻訳等は、著作権法上の例外を除き禁じられています。
※本書の電子データ化などの無断複製は著作権上の例外を除き禁じられています。
　代行業者等の第三者による本書の電子的複製も認められておりません。

©Hamazaki 2023 Printed in Japan ISBN978-4-09-311554-4